心靈的明燈

沈遠蓬著

文學叢刊

文史哲出版社印行

國家圖書館出版品預行編目資料

心靈的明燈 / 沈遠蓬著. -- 初版 -- 臺北市：
文史哲，民 107. 08
頁；　公分（文學叢刊；394）
ISBN 978-986-314-420-5（平裝）

1.人生哲學 2.修身

191.9　　107012740

文學叢刊 394

心靈的明燈

著　者：沈　遠　蓬
出 版 者：文 史 哲 出 版 社
http:// www.lapen.com.tw
e-mail：lapen@ms74.hinet.net
登記證字號：行政院新聞局版臺業字五三三七號
發 行 人：彭　正　雄
發 行 所：文 史 哲 出 版 社
印 刷 者：文 史 哲 出 版 社
臺北市羅斯福路一段七十二巷四號
郵政劃撥帳號：一六一八〇一七五
電話886-2-23511028 ・ 傳真886-2-23965656

定價新臺幣三八〇元

二〇一八年（民一〇七）八月初版

ISBN 978-986-314-420-5　　09394

爲心靈的明燈喝采（陳序）

兩年前，難得的因緣際會，相識作者遠蓬君於宜蘭黎明居，應主人錦璋好友邀約共進午餐，席間暢談甚歡，相當投緣，遠蓬君學識淵博，多才多藝，能歌善舞，喜愛散文，二十年前曾出書甚為暢銷。言談間透露因年少輕狂，忽略養生，身體違和已歷七載，不宜雲遊四海，唯有寄情於文學著作，藉筆墨舒發滿腔未了心願，如今身心欠安，仍不間斷寫作，準備彙整出版新書，其旺盛企圖心，令人激賞與佩服。我們雖初識，卻一見如故，志同道合，談笑風生，彼此留下深刻美好印象。

約半年後，再次見面於宜蘭羅東作者住處前，緣由參加同仁旅遊，成員大都是其同窗同學，當天午宴因身體不適未克參加，因此遊覽車開往羅東探訪問安，到達時，見到遠蓬君眼中泛著淚光，上車握手致意，激動得說不出話，感恩情懷洋溢臉龐，幾十年同窗情誼，如此濃郁，我亦深受感動，臨行贈送每人伴手禮，人在病中，仍不忘禮數，情深義重由此可見。爾後，我們有共同的群組，共同的好友，相同的理念，經常 line 上互動，偶而分享作者以”老沈小語“po 出的好文，定期的聯誼歡聚，相互勉勵關懷，因而成為好友。

二〇一八年五月初，赴宜蘭參觀錦璋書法家作品展，午間再次與遠蓬賢伉儷餐敘，席間欣聞新書已彙整完成，即將出版，並當面邀請為其新書寫序，我才疏學淺，何德何能有此榮幸，承蒙器重，實感惶恐，隔日即收到電子郵件傳來書稿，先睹為快，細細品讀，回味無窮。

拜讀後，篇篇引經據典，如行雲流水，思緒細緻，文采流暢，哲理造詣頗深，令人折服。每篇均先引申一段典故，再詳述作者獨特見解，很有內涵，非常精辟。內容包羅萬象，無所不談，從行動，責任，榮譽，自我，信仰，哲學，真理，審美，行善，佛學，人性，孝道，大自然……最後寫到「能說不能行」，重點強調知之非艱，行之惟艱，不懂還能充實，不動永難落實，是邁向成功的不二法門。此書有啟發性，每篇都精彩，其思考理念已達爐火純青境界。

作者描述大自然唯妙唯肖，意境高，有些詞，很新潁，如「山光悅鳥性，潭影空人心，寒盡覺春生」，談真話寫到：「謊話像霧，大話像雷，空話像雲，真話才是滴滴春雨」，好棒的形容，寫情境：優雅柔和，詩情畫意，美妙絕綸，如：欣賞巒翠嵐輕，傾聽海濤鳥啼。寫哲理：超乎想像，書中提及「淡看人生，笑觀自己，方死方生，方生方死，人雖然在平凡中生，卻能在不凡中死」這段話，很深奧，超然脫俗，閱後激賞不已。

再談作者少年時期，從同學描述得知，年少意氣風發，相當傑出，在學生時期，品學兼優，學業成績，品行操守皆名列前矛，舉凡演講、辯論，及領導統御等表現十分出色，才華洋溢，是同學中的佼佼者，畢業後，工作表現優異，平步青雲，深獲長官肯定，同學喜愛，是同窗相知相惜的模範生。

筆者與作者，相識雖短，情誼頗深，個人不但欣賞遠蓬的博學與文采，更佩服他的不屈不撓。三年來，處在健康欠佳，身心煎熬情況下，仍能持續寫作，積極自我肯定，不消極，不放棄，自強不息，寫出感人肺腑心聲，讓生命之光流傳於後代，精神可嘉，令人感佩，在新書出版前夕，謹以誠摯的祝福，獻給最尊敬的作家沈遠蓬摯友，期盼新書出版順利，圓滿成功。

財團法人東興文教基金會董事長　陳淑貞　二〇一八年六月三十日

自序

人生最高的境界，在於肯定生命的價值，創造生活的意義，然而，人們由於認知不同，感受各異，面對紛紜庸碌的人生際遇，心靈設無信仰，心扉不能開放，亟易迷失了安身立命的方向，模糊了進德修業的目標，精神生活亦常陷入空虛與貧乏，所以，我們每個人，都需要打開心窗，點燃心燈，看得遠，想得深，放得下，處得好，做得到，快樂出發，歡喜致遠，因此，如何涵詠自己的性靈，如何耕耘自己的方寸，如何提昇自己的心智，誠為生活必修的課題，更是現代人們值得重視的精神修養。

筆者有幸曾在高職專科及大學院校，從事教學與訓導工作二十餘年，接觸學生甚廣，深切領會心靈開發的重要，且曾從事森林保育工作十餘年，經常徜徉山林幽徑，細聆溪聲流水，深受大自然的啟迪，經常激發心靈的共鳴與迴響，是以，不謭揣陋，敝帚呈現，採小故事，大道理的方式，一篇一主題，一文一內涵，以例引文，取喻說理，從生命哲學開始探討，用行動決心實踐貫徹，系列性的舖陳，從故事啟發思考，用道理提供實踐，言簡意賅，要言不繁，段落分明，前後呼應，別看都是幾句話，放在那裡都開花，在講究快節奏高效率的目前社會中，提供一些精神領域的智慧快餐，協助讀者在生活忙碌之餘，就近取材，隨手翻閱，多加運用，時作觀照，用以期勉別人亦可，使之惕勵自已更佳，倘能因此，使工作更為順利成功，使生活更為幸福美滿，使身心更為健康均衡，使品格更為高尚優美，則為本書印行出版之最大目的。

本書得以問世，由衷感謝財團法人東興文教基金會陳董事長淑貞老師的賜序，字裡行間所表達的鼓勵，使得拙作倍增光寵，深感榮幸，惟筆者才疏學淺，倉促付梓，書中謬誤，或有不足，勢必所難免，敬請各界先進賢達，不吝指教賜正，是所感禱！

沈遠蓬 謹識 二〇一八年六月三十日

心靈的明燈

目 錄

萬能僕人

有個年輕人一心想學神仙之術，好使種種美夢成真，於是到處訪仙求神。

這天遇到一位老如尚，說明來意後，老和尚認為神仙術太辛苦了，不如送他一位萬能僕人，要求什麼，僕人就能給什麼，但是，惟一的缺點，他需要不斷工作，否則，沒事幹，他會捏死人。

「謝謝師父！」年輕人不加思索，心想要僕人做事，那還不簡單，喜出望外地告辭而去。

就在這時，就聽到背後僕人的聲音：

「主人請給我工作！」

「去！」年輕人頭也不回的說：「給我蓋一棟別墅，我要住！」

不一會工夫，僕人回報：「主人，蓋好了，請再給我下一個工作，不然，我會捏死你！」

年輕人開始不斷的想點子，交待僕人工作，日以繼夜下來，疲於應付，痛苦不堪，只好逃回，求救老和尚。

老和尚不動聲色，從頭上拔了根曲捲的頭髮，要他給僕人拉直，僕人一拉就直，可是交給主人時又捲起，就這樣年輕人輕易擺脫了這位萬能僕人。

13　萬能僕人

人能弘道，非道弘人；人實役物，非物役人；在這則寓言中，萬能僕人象徵形形色色的慾望，不斷工作表示永無止境的追求，人一旦淪為物慾的奴隸，身為名牽，心為形役，人的尊嚴在那裏？人的價值是什麼？的確，令人深思。

人是萬物的主宰；人者心之器；一個人的價值，在於他是什麼？內在為什麼？而不在於做什麼？外在有什麼？一個人的尊嚴，在於他作為什麼或不作為什麼，而非他擁有什麼或得到什麼？充實這個世界的，不是多姿多彩的物，而是各色各種的人；人定勝天；人的是，就在能。

役物而不役於物，制欲而不制於欲；不是境況造就人，而是人造就境況；只要自已有主張有內涵有行動，世界就是你的；宇宙萬物之中，沒有比人的存在更值得驚異；每個人的本身就是目的；人生在世的責任，可不就在成全他的偉大，人定位了，物就歸位。

實現你所能，創造你所要；成功是有你所是，快樂是有你所有；別人怎麼看我，那是他的角度，我怎麼看自已，才是我的定位；與其苦心積慮，攘擾爭奪的攫取些什麼？何如豪氣干雲，積極進取的實現些什麼？一個能思想的人，才是一個力量無邊的人；一個有尊嚴的人，才是價值明確的人；人生，人生，先成為人，才能夠生。

因爲有太陽出現

有個年事已高的僧人，中午在大太陽底下幹活，曬菜乾，又除雜草，滿身大汗，路人見狀，於心不忍，趨前關切，合十著說：

「阿彌陀佛，請問師父高壽？」

「九十二歲了！」

「師父啊！依您這種年紀，可以歇著享清福了，何必還要這樣牛馬一般，累死累活的！」路人忍不住好意的勸說。

「因為我還活著！」老僧風趣的答說。

「那又何必一定要在大太陽底下幹活，太陽下山後，再出來做，不好嗎？」

「因為有太陽出現，所以才要現在做！」老僧說。

真正認真的人，才知道什麼叫角色；真正執著的人，才知道什麼叫責任；是什麼，做什麼；做什麼，像什麼；這段對話，寓義深長，啟人良多；人生最大的快樂，就是善盡自己的本份；生活最高的意義，就是發揮自己的價值。

角色是自我的定位與認同，是種心態，是種領悟，是種樂趣；人的靈魂表現在角色；角色詮釋價值，價值彩飾角色；角色無大小，一台無二戲；鳥靠自己的翅飛翔，魚靠自己的鰭游水；忠於角色乃真正的忠貞；輕視自己的角色，也難見其愛心；人對角色的自覺，乃快樂的根本；沒有自己的角色面貌，就不可能擁有一張理想的臉。

所謂活著，就是要做，即做生人，便有生理，才有生意；閒人即廢人；一日不工作，一日不得食；獵手沒有冬天；不織網的蜘蛛才捉不到蟲；一夫不耕，必有其受飢者；一婦不織，必有其受寒者；願承擔自己人生責任的性格，將是自重自愛的源頭；要問自己該做什麼？別要自己想做什麼？高貴的生活，不在其消費，而在其生產；偉大的價值，不在其支配，而在其貢獻；每個生命都是無可旁貸的責任。

做草笠的不怕日曬，耕稻田的不怕蟲害；存在才能實在，堅持才能堅強；過得好是段精彩，過不好是場經歷；自己走過，才是足跡，自己做過，才叫努力；我們與其成為藉著太陽的照射，而大放光明的月亮，還不如當個靠著自己的光芒，還能發出魅力的螢火蟲。

我還是不及格

幾個學生在談論他們的數學測驗，其中一位表示，由於心算能力不錯，這次考的成績還算滿意。

這時，另一個學生揶揄說：

「心算？現在科學這麼發達，人人都使用電子計算機了，心算難道會比得過計算機快嗎？」

在旁邊的又一個學生，羨慕的問他：

「那麼，這次測驗，你的成績一定很好了，我知道你有最新的計算機！」

「我的計算機的確得懂得所有程式，速度又快，沒錯，是最進步的工具，不過，這次測驗，我還是不及格！」

「哦！為什麼？」

只見他訕訕的說：「我不懂得使用計算機！」

以我轉物，大地盡屬消遙；以物役我，一隅亦是束縛；身被名牽樊籠雞鴨，心為形役塵世牛馬；這段故事，殊值玩味，科技是死的，人才是活的；沒有人的努力，何來物的效力；沒有人的成就，何來物的成果。

人是宇宙的尺度，也是世界的主軸；人是一切的中心，萬物皆備於人；因為有人才有生活，而非有生活才有人；人的意義，不重在他的物質，而重在他的精神；人的價值，不重在他的擁有，而重在他的能耐；人的偉大，即在他是一座橋樑，而非僅是一個終站；人雖然不能經常是個英雄，但總可以常常是一個人。

天生一世之材，自足一世之用；自我不是被尋找發現的，而是需要創造出來的；人最大的敵人就是自已；先征服自已，才能掌握世界；要想發動天下，必先發動自已；人變的得累，那是用腦太多，用心太少；人生雖無所有權，但有使用權；人不是為失敗而存在，而是要為存在才出生；人生最大的可怕，就是沒有動機。

人生是本故事，不在乎篇幅長短，而在乎內容；人生是齣戲劇，不在乎道具好壞，而在乎演技；人生是篇詩章，不在乎文辭美醜，而在乎智慧；人生是片風景，不在乎氣溫陰晴，而在乎絢麗；我們善盡了角色，人生才會出色；我們認真的付出，人生才會傑出；只要相信真實的自已，總會遇到驚奇；只要把握完整的自已，定能展現光華。

幸好我還會

有一位頗有學識的教授，四海雲遊，這天搭船過河，與船夫聊天，不經意的聊到國學，教授意興風發，忘情地高談闊論，不可一世。

「哦！你說詩詞，我沒學過，聽不懂！」船夫迷惘的說。

「啊！」教授顯得頗為訝異，說：「不懂詩詞，那等於生命失去了三分之一啊！」

船夫難為情的笑了笑。

教授再問：「那麼學過算術了，什麼是算術，你了解嗎？」

船夫仍然尷尬地搖搖頭。

「啊！那你生命又失去了三分之一。」

這時，忽然風大浪急起來，船要翻了，船夫問教授：「教授，您會游泳嗎？」

教授急忙搖頭，搶著說：「不會。」

「那你完了，命要全丟了！」船夫看著洶湧的河水，幽幽的說：「幸好我還會。」。

學有專攻，術有專精；書文有生趣，體能得生命；教授學識好，船夫技術高；兩人在不同的領域，各有所長，均有所短；適足說明，每個人的生命都具有特殊意義，每個人的存在都是各別價值。

天生我材必有用；天不出無用之人，地不長無根之草；天無枉生之材，世皆有用之人；人各有材，材各有用；鉛不可為刀，銅不可為弩；彎木可作弓，直材堪作樑；駝荷百鈞，蟻負一粒，各盡其能；象飲數石，鼠啜一口，各充其量；人人各生其性質，故各具專長，人人各異其興趣，故各有品味；三百六十行，行行出狀元；每個人都是上天的精心作品，獨一無二。

人忌貌相，海難斗量；人格有高低，能力無貴賤；以人取貌，愚；以行察人，聰；苟有所短，必有所長，可因短而見長，毋忌長而摘短；擷長補短，天下無不用之人；捨短取長，天下無不棄之士；因材而取，審能而用；物能盡其用，人可盡其才；一個適當的棋子，放在適當的位置，就是至當的安排。

一技草，一滴露；一寸地，一片天；生命是開放的，價值是多元的；山有山的高聳，海有海的深邃，不必攀比；風有風的浪漫，雲有雲的飄逸，不用模仿；我們既沒有理由輕視自己，也毫無必要遺忘自己；只要我們能夠悅納自己，就不該自暴自棄；只要我們能夠欣賞自己，就可以自立自強。

怎麼又來了

有個醫生隨軍出征，負責救護傷患官兵，待他痊癒後，即可投入戰爭，但受傷後仍再次接受他的醫療，病好了又到戰場，直到戰死。

這種情形重複多次後，他懷疑自已所為何來？這樣的工作，意義又在那裡？他心想：「如果這位軍人命中註定要死，我又何必把他救活？如果我的醫療是正確，那他又何必去送死？」

他百思不解，幾乎崩潰，乾脆離去，到一座深山裡自我放逐。

但是幾個月後，大家發現他又在部隊，熱心的照顧病患，好多人忍不住的問他：

「大夫！你不是辭職了嗎？怎麼又來了！」

「我想通了，我就是醫師啊！」他喃喃自語的說。

良農不為水旱不耕，良賈不為利損下市；放逐猶作濟世想，舍我其誰；盡瘁只為救人計，當仁不讓；顯然，促使這位醫師心甘情願的歸隊，就是無負所學的責任心，就是無忝所生的責任感。

責任是對工作的一種承擔，也是做好每件該做的事，更是一種值得信賴的嚮導；責任可將權利轉為奉獻，亦將希望化為行動；責任可使人由不知轉為知，亦使人由不行轉為行；責任不用號召而自趨附，不用威迫而自服從；不用鞭策而自堅定；責任是對自己要求去做事情的一種真愛；責任是對別人和自己負責；接受責任的能耐，可為衡量人格的標準；人生最大的罪惡便是放棄了本身的責任。

盡責者可以無懼；無責任即無榮譽；自由的第一要義就是負擔自己責任；責任大一分，事業進一步；有一人之力者，則司一人之職；有十人之能者，當負十人之責；自己應為之事，勿諉他人；今日應為之事，不待明天；責任與權利是雙胞胎；因有負責之苦，方有盡責之樂；人們的失責，不在已經之惡，而在未行之善；不負責的人，永難獲永難獲得好運的光臨；責任惟一的報酬，便是責任，一個人能承擔多少責任，就能取得多大成功。

立身以無愧為難，不虧責任則無愧；守身以無玷為難，不推責任則無玷；保身以無疾為難，不誤責任則無疾；責任是解除了才沒有，不是卸下了就沒事；人生中有許多你不想做，卻不得不做的事，這就是責任；生命中有許多你想做，卻又不能做到的事，這就是命運；盡了責，可使我們對得起自己；負了責，可使我們對得起他人；畢竟，生命因貢獻而富意義，人生因工作而增情趣；使價值得以實現者，就是責任，使命運得以改變者，也是責任。

街上比較亮

有個小和尚，烈日當空，在寺外街上找東西，他的師兄弟們看他滿身大汗，於心不忍，問他：

「小師弟，你在找什麼？」

「找鑰鎖！」他答。

「我們來幫你忙！」師兄們說著，也蹲在地上到處尋找，過了一會，突然有人想到一個問題，立刻就問：「小師弟，你記得鑰鎖掉在那個角落嗎？」

小和尚說：「我在寺內寮房內掉的！」

「那你在街上怎麼能找得到？」師兄們不無責怪之意。

「因為街上比較亮啊！」小和尚振振有詞的大聲回答。

從自我實現中創造的是強者，於自我認同中滿足的是智者，在自我否定中迷失的是愚者；鑰鎖象徵自我，路上代表外慾，愚蠢的小和尚，不向內找，但從外覓，燈紅酒綠下的盲求妄尋，何時才能找回失落的本來。

我思故我在；反諸求己，俱在本性；自我的定位，是成長而不是繼承；自我的價值，是內發而不是外鑠；每個人的特質，都有其獨具的能源；每個人的因緣，都是其特殊的背景；認清自己才能接納自己，統整自己才能發揮自己，肯定自己才能實現自己；一花一世界，一葉一菩提；人人頭上是片天，個個腳下都有路；每個人都是獨一無二的我，每個人都是上天的傑作；世上對你最迫切的要求，就是自我實現。

將相本無種，男兒當自強；崇拜偉人，先看自己；英雄不怕出身低，豪傑亦多屠狗輩；不作比較，不必抄襲，不用羨慕，不須迷惘，這是尊重自我的前提；不為過去慨嘆，不為將來幻想，不為物慾迷惑，不為色相蒙蔽，這是期待自我的要訣；與自己競賽，向問題挑戰，對缺陷容忍，把困難解決，這是完成自我的結果；你不一定是棵雄偉的松柏，但是一定可當個婀娜的杜鵑；你不一定是隻翱翔的鳳凰，但是可以作個活潑的麻雀。

盡日尋春不見春，芒鞋踏遍隴上雲，歸來笑撚梅花嗅，春在技頭已十分；世上最強大的武器，可不就是自我？生命之燈因價值而發光，人生之舟為意義而前進；我們是可以低度推銷自己，也應該中肯評估自己，但更需要高度認同自己；你習慣自以為是什麼樣的人，那麼你註定就是那樣的人。

唵嘛呢叭嘛瀰牛

有個鄉下老婦人，一心向佛，每天誦念觀世音菩薩六字真言咒：「唵嘛呢叭嘛瀰吽」，她雖然目不識丁，將吽字給唸成牛，但習慣成自然，整天朗朗上口，精神感到無比暢快與充實。

有天，路過一位遊方和尚，聽後甚覺好笑，好意提醒她說：「女施主，妳唸錯了，吽字的音應該唸作哼，而非牛！」

老婦人頓覺赧然，但也奇怪，打開始唸錯到現在，也未見有何不妥？

「唵嘛呢叭嘛瀰---吽」「唵嘛呢叭嘛瀰----吽」

從此，老婦人改正，然而，怎麼唸就是不順口，結結巴巴，深感沮喪與失落，做什麼事都不如意，一週後，她痛苦不堪，不知不覺中，又照以往的唸法，喃喃不斷：

「唵嘛呢叭嘛瀰---牛」「唵嘛呢叭嘛瀰----牛」

口一唸順，她精神來了，又恢復了快樂與自在。

念佛豈止舌動，要在信真；修密豈在口訣，貴在意誠；千悟萬悟悟不到，原來一句佛名號；老婦人擺脫了符號的迷思，恢復了生命的微笑，這就是虔誠的信仰，堅定了她不變的方向；人有了信仰，思想才有依據，心靈才有慰藉，精神才有寄托。

信仰是心中的綠洲，是對不可之物的愛；信仰是思想，信仰愈篤，思想愈專；信仰是力量，信仰愈堅，力量愈大；信仰是鹽，使的存在使人永保新鮮；信仰是去相信我們所從未看見的；推崇真理的力量是點燃信仰的火花；沒有信仰就沒有精神；沒有信仰，這世界就沒有一件真正偉大事業的完成，信仰確是人生航向的指標。

信仰絕非迷信，信仰不在形式，信仰重在誠意；知者洞達而就道，愚者敬信而就法，盲目的信仰比沒有信仰更可怕；最純潔的信仰，要承受知識的鍛鍊，要經過智慧的淨拭；是心不必更求心，是佛何勞更覓佛；誠摯的信仰，是中有所主，心無所動，名利難改其性，死生不易其操；因有熱誠，才能行動，必有奉獻，才能奮進；懷有高尚信仰的人，永不孤寂，永不迷失。

身似菩提心似鏡，雲在青天水在瓶；你有什麼樣的信仰，你是什麼樣的靈魂；人的信仰真是主導了生活的內涵；為了堅定永恆的信仰：對於人生之真，我們應有所執著！對於人生之善，我們當有所堅持！對於人生之美，我們該有所摯愛！

春天不就來臨了

老師帶著一班學生，登山賞景，大家無不驚嘆大自然的壯麗。

老師不忘現地教學，就地取材，提了個問題：

「雪融化了，會變成什麼樣子？」。

學生自異口同聲地回答：

「水！」。

答案正確，老師深感欣慰。

這時，只有隨行擔任嚮導的樵夫，擦著滿臉的汗水，抑望著天際，帶著祈禱的神情，喃喃自語：

「雪融化了，春天不就來臨了嗎！」。

雪融成水，這是科學的結論，冰化為春，這是哲學的感悟；科學純就題論題，哲學則遇題超題；樵夫的另類思考，化無情的冰寒，為有情的春望，將有限的命題，變無限的生趣，這是何等的慧覺；人生有了哲學的指導，生命才得定位，生活才有重心，生計才顯蓬勃。

人生哲學主在探討是什麼？以及解答該怎麼？前者是追尋意義，後者是評估價值；它是道德驅力的指針，亦是精神活力的源泉；它是良知的摯友，更是罪惡的勁敵；哲學表現出三種內涵；培養智慧，發現真理，印證價值；哲學真是探照靈魂的永恆明燈。

哲學在求真：不是只為活，更為如何活，不僅在延伸，更是在發亮；哲學在求善：存在並非全部，另外還要創造，幸福並非一切，另外還有責任，成功並非所有，另外還得奉獻；哲學在求美：均衡物我，調和群我，圓融心我，會心之樂，發智慧之光，誠摯之情，出性靈之美，希望之心，現生命之力；不行哲學的生活，不得真正的人生；具哲學素養的人，永不致迷失方向。

尋常一樣窗前月，才有梅花便不同；行到水窮處，坐看雲起時；當我們的智慧乾涸時，何不以哲學的深邃予以滋潤；當我們的心靈空虛時，何妨用哲學的浩瀚加以提升；有了正確人生觀的指引與照耀，春天隨時都將洋溢在我們的心中。

這是眞的啊

從前，有位學者觀測天文，發現地球繞著太陽轉，所以，主張地球是圓的，但是，這個理論與當時盛行的，上帝才是創造地球的說法相悖，觸怒了政教合一，大權在握的教皇，將他以妖言惑眾，逮捕下獄。

「如果，你改變看法，馬上就釋放！」教皇威脅說。

「地球是圓的，這是事實，請相信！」他舉證詳加解釋。

「你還固執，上刑！」教皇更為震怒。

他熬不過酷刑準備妥並放棄堅持，教皇大喜，立即取出紙筆，要求簽署聲明，在他提起無力的手，正要簽名之際……

「可是，圓圓的地球現在還轉動，這是真的啊！」說完，他毅然擲筆，從容走上斷頭台。

理真四海皆準，律定百世不惑；事莫明於有效，論莫定於有證；真理是不偏差，定律是不變易；鋼鐵可以彎得曲，真理卻是駁不倒；這段悲壯的史實，令人景仰，頭可斷，血可流，維護真理，誓死不渝；一切東西都可仿造，唯有真理不行，征服世界者有之，而征服真理者未有，真理永遠是不怕審判的。

真理是智慧的太陽；真理者，普遍如此，本來如此，應該如此，當然如此；以自然而言，真理是超越而外在，絕對而自存；以人文而言，真理是內在於人生，普遍與共同；真理愈辯愈明，真理愈陳愈香；真理不容於當時，而事後人必服從；真理愈多，謬誤愈少；寶劍不彎，真理不鏽；言真則理在其中，言理則真在其內；真理儘管苦澀，然而鮮明；這個世界的萬事萬物不被外力摧毀者，除了真理，別無其他；真理就是上帝的化身。

只有真理，沒有解釋；真理是時間的孩子，不是權威的部屬；吾愛吾師，吾更愛真理；真理是不能打折扣；真理之所在，無事不可為；真理之所向，無話不能談；真理要向良知負責，更是要經得住檢驗；有理走遍天下，無理寸步難行；用智慧對真理，真理才見真；以客觀待真理，真理才有理；真理真實不欺，從無兩張面孔；只有忠於事實，才能忠於真理；誰不經過挫折，誰就找不到真理；真金不怕火燒，真理不怕詭辯；鹽是鹹的，但對菜肴不可少；真理是苦的，但對未來不可無；真理不會因人的誤解而改變，也不會隨人的感情而修正；真正的價值，才是屬於那些服膺真理的人。

不向前不知道路遠，不學習不明白真理；每個人都希望真理站在他這邊，但每個人並非都站在真理那邊；真理是要永恆的追求，真理是要全面的堅持；雄鷹的眼睛不怕迷霧，真理的光輝不怕籠罩；任誰都要在真理的聖壇前低頭，任誰也不可在物質的權威下拜倒；我們雖不能自詡智慧，但我們可以擁抱真理；終究，歪理千萬條，真理只一個。

唉呀我的媽

有個畫家拿了一幅自認非常唯美的作品，請人鑑賞，朋友看了半天，實在看不出所以然，只好冒充內行的說：

「這幅花卉很美！」

「這不是花！」畫家立即予以糾正。

朋友又顛來倒去的看了好一會兒，才恍然大悟的說：

「啊！是了，這畫畫的是一隻烏鴉。」

「這是山水！」畫家看他愈說愈離譜，只好乾脆說個明白，點出這畫的主題。

朋友尷尬之餘，又將畫端起左看看右瞧瞧，最後認不住的脫口而出：

「遠看一枝花，近瞧是烏鴉，原來是山水，唉呀我的媽！」

如此山水畫，糟得叫聲媽，若說這是美，那個相信它；這是個負面笑料，從藝術的觀點而言：任何一個作品，如果能夠激發心靈的共鳴，才能產生美的回應，從而發出美的欣賞；美，就是不變的眷戀 更是永恒的喜悅。

賞心悅目之謂美，美就像愛情，源於怦然心動；美感不是快感，亦非性感；美的判斷在價值，美的精神在永恆；美的特性是：充實，勻稱，光輝；美的感覺是：材料，形式，內容；形相之美難比含蓄之美，容貌之美不如性靈之美，逸樂之美未若悠閒之美，慵懶之美遠遜健康之美；美不一定善，善一定會美；美的最高價值就是心靈的無上享受。

美是上天給我們進入天堂的一把秘鑰；完美在質不在量，優美在心不在形；數大不一定是美；精華也往往是小而罕；真實是為美，自然更是美；美中最美的，形容不出，表現不來；東施效顰，結果適反；畫蛇添足，韻味俱失；少女之美，美在無瑕；赤子之美，美在無邪；壯士之美，美在無畏；仁者之美，美在無私；至高的美，即無所為而為的玩索；真正的美，才顯示了平凡中不平凡。

愛美是人之天性，審美靠人之靈性，造美在人的習性；如果你是嬌艷，美麗表現在臉上，如果你是健康，美麗映現在身上，如果你是高尚，美麗出現在心上，如果你是智慧，那麼，美麗就會呈現在腦上；的確，二十歲以前，我們的美，全由老天創造，二十歲以後，我們的美，就要自已塑造。

這個請送給我

有個遊方和尚在荒山中無意拾到一塊寶石，信手放進了口袋。

有一天，他碰到了奄奄一息的旅客，正打開口袋想分點吃的東西給他吃，不料，這顆寶石也順手滾了出來，被旅客看到。

旅客吃飽後，不餓了，答謝之後，就說：

「師父，吃的雖然救我的命，但寶石可以使我發財，一生高枕無憂，」於是厚顏要求：「師父啊！可不可以也把這顆寶石送給我？」

「可以！」和尚毫不猶疑地將寶石給了他。

旅客大喜過望，千謝萬謝地走了。

但是，過了不久，旅客又跑回來，滿臉慚惶的把寶石還給了和尚，並且懇求的說：

「師父啊！我想斗膽的要些更重要的東西，是什麼樣的心，讓您毫不考慮的就把這麼值錢的寶石給我，這個才送給我，好嗎？」

人生最豐盛的擁有是佈施，人生最快樂的付出是慈悲；勢可為惡而不為，即是善；力可行善而不行，即是惡；讓遊方和尚不假思索贈出寶石的動機，毋庸置疑，就是人性中最珍貴的情操——善心。

善心是人間社會的凝聚基礎，最能促成天地間之美好與和諧；本心之善，也是最好的法律；美貌在於行善；善良的人多半一臉福相；善良的人，總是快樂，好心的人，總是幸福；言行從善，千里之外應之，言行不善，千里之外達之；一斤之善良，勝過千斤之學問；慈善像糖水，又甜又便宜；心善自然美麗，心真自然誠摯；只要你有足夠的善心，就可成為全世界最具影響力的人。

修身莫先於行善，教人莫大於勸善；慈悲智慧生，行善福氣至；存心不善，風水無益，妄取人財，佈施無益；心非善不存，事非善不行，言非善不說；憫憐人窮，雖分文升合之與，亦是福田，同情人苦，即隻言片語之贈，皆為德基；惻隱之善大須彌，成功之善微如芥；善不在大，惠人之急可也；實際動善念，遠勝夢中發宏願；天堂為所有的仁心開放；使自已獲得好處的最佳方法，就是把好處施給別人。

善為玉寶一生用，心作良田百世耕；不以善小而不為，不以惡小而為之；德無翼而高飛，善無根而永固；我們要想當個好人，那就該念念存善心；我們要想做件好事，那就該時時發悲願；是的，善心真是一種啞巴即能講，聾子也會聽的言語。

買到了老天爺

有個小女孩拿著一元銅板，沿街向一家家的商店詢問：「你們有賣老天爺嗎？」結果，不是說沒有，就是被認為在搗蛋，要嘛就被轟出來，直到夜深了，問到了最後一家，老闆慈眉善目，蹲下身來，問她：

「告訴我，要賣老天爺做什麼？」

「我沒有父母，靠外婆養大，但外婆在工地摔倒，在醫院昏迷不醒，醫師說只有老天爺可以救她了！」小女孩邊哭邊說：「我想老天爺一定是顆仙藥，我要買，去救她！」

老闆眼角濕潤，又問：

「孩子，你有多少錢？」

「只有一元！」

「正好，這顆仙藥是一元，你趕快拿去救人！」老闆隨手從店裡拿了一包營養品。

小女孩興沖沖的跑回醫院，告訴外婆，已買到了老天爺，命有救了，雖然，外婆還在昏迷。

第二天，一群醫師不斷會診，終於挽回了性命，一大筆醫藥費已有人付清。

外婆找到老闆時，商店人去樓空，桌上留張紙條，上面說明經過後，這麼寫著：「你的小孫女是個天使，老天爺這包藥的成分就是愛！」

大悲無礙，大愛無疆；真愛赤子心，至性人間情；女孩的赤誠和老闆的大愛，構成了這篇愛的故事，感人至深，愛可使人性提昇，愛才使人心聖潔，愛足使人格高貴，就是愛，才使人類最可愛。

愛是生命的火花，也是永恆的標誌；是真實的智慧，更是感情的基礎；愛不是要求，也不是佔有，既非享受，亦非消遣；愛不是施捨，也不是同情，既非縱容，亦非姑息；愛不是甜言蜜語，也不是盲從衝動；愛不是以其所愛及其所不愛的強迫，也不是以其所不愛及其所愛的轉移；不能愛人是逃避，沒有被愛是放棄；真正的愛，財富買不到，權勢佔不了；如果地球毀滅，惟一可以預料的原因，就是人類互不相愛；愛，確為所有幸福之冠。

愛要心的契合與靈的維繫，它是永不止息的；有愛就會有奇蹟，所有的真愛都要基於尊重；是情到深處無怨尤，是此時無聲勝有聲；愛是甜蜜的負擔，是真誠的付出，是母親的皺紋，是父親的白髮，是遊子的惦記；愛是孤臣孽子的淚水，是亂世書生的悲鬱，是忠臣烈士的鮮血；愛是裝在孩子飯盒中，全家僅有的荷蛋；靈魂的永恆之路，無非真愛，惟有真愛，亙古不變；生命最大的快樂，就是愛。

感謝是推愛的起點，假如你在愛別人，那就要盡心奉獻，這才是人生最真的赤誠；滿足是真愛的終局，假如你已擁有別人之愛，那就要盡力把握，這才是人生最美的幸福；無可置疑，忘不了，才會有感；記得住，才叫有緣；常付出，才能有情；懂感恩，才是真愛。

他要買兩包

有個學生向老師請教道德是什麼?老師說：

「比方說，有個顧客多給了我們一些錢，而他還不知道，道德就是對那多出來的錢，我們是不是應該誠實的奉還給他！?」

學生似有所悟，說道：「有道理，我就曾經要贈送一包高級精裝的茶葉，給一位管理大廈的政府官員，他一直強調道德不允許他收受這樣的禮物。」

老師說：「這是個難得的官員，結果呢?」

學生回憶當時的情景，接著說：「我很瞭解他的立場，後來我就告訴他，我不會送，我賣給你，可以吧?象徵性的代價一毛錢！」

老師很有把握的說：「他一定不同意，對不對?」

學生答道：「不!當時那位官員，很快的答覆我，要是這樣，他要買兩包！」

人之足傳，在有德而不在其位；世所相信，在能行而不在能言；道德是人格的完整表現，人格是良知的具體實踐；這位官員，為德不卒，送是不道德，買就要兩包，其官箴與品格，豈能不受質疑？

道德是靈魂的禮貌；德者，事業之基，修行之根，基不固，棟宇難堅久，根不植，枝葉難榮茂；無德而富貴，是謂不幸；有德而貧賤，是謂不平；有德無才，其德可用；有才無德，其才難用；有德而無位，尚可服人，有能而無德，必至憤事；心易服於德，而難服於力；道德真是一個人所能擁有且最崇高的無形財產。

道德是自我提昇的明燈，不是呵斥別人的鞭子；德莫大於博愛；德重慎獨，不必人前；德要寡過，更在改錯；完善的美德：出發在良心，拿捏在方寸，閃爍在暗室，發亮在黑夜；獨立不愧影，獨寢不愧衾；順境的美德是節制，逆境的美德是堅忍；內心是無瑕疵的靈魂，外在則現最高潔的光華；不必為道德說教，而要為美德殉道；沒有美德，那談得上功德？

終日說道德，不如做一件；一生行慈善，須防錯一次；既使富貴還得行善，縱然福慧仍要積德；才由人揚，德由己做；要使自已的人格無羞，我們就必須仰不愧於天，要讓自已的品德無垢，我們就應當俯不怍於人，畢竟，道德就是世上永不凋謝的花朵。

小鳥在睡著

有兩個畫家各繪了一幅畫，主題是風雨中的寧靜。

第一個畫家選擇了遠山之間的一個湖泊作背景，風平浪靜，湖面如鏡，他得意的介紹其中的意境，說：

「你們看，這個湖面連水波都沒有，連飛舞中的蝴蝶也停止不動，沒有風沒有雨，又遠離塵囂，完全呈現著一片平靜！」

第二個畫家畫的是一幅奔騰的瀑布，氣勢雄偉，旁邊有一枝小灌木，樹枝彎到水面，在這樹枝頂端的分枝上擱著一個鳥巢，幾乎被浪花浸濕，岌岌可危，鳥巢內還有個小知更鳥。

第一個畫家揶揄的說：

「哈！這畫表現十足的動態，簡直可以聽到瀑布的水聲喧嘩！」

第二個畫家不慌不忙的回答：

「你有沒有看到巢內的小知更鳥，安詳的在睡著，一點都沒受外界水聲的干擾！」

觀眾一致的結論，前者是停滯，後者才是寧靜。

水流任急心常靜，花落雖頻意自閒；非淡泊無以修心，非寧靜無以致遠；風雨中甜睡的小鳥，雖似孤單，但不孤寒，看似緊張，卻不慌張；心靜一切都靜，心安一切都安；寧靜的心，才會聽到上帝的聲音。

寧靜是種內斂，是種智慧，是種氣質，是種修養，是種意境；樂章中最有力的節奏，莫過於休止符，詩篇中最動人的文字，莫過於句逗點；靜可止躁，靜可深慮；定能生慧，覺茅舍竹籬，自饒清趣；靜能生明，即鳥啼花落，都是化機；絕偉的事功，必產自絕偉的寧靜；鎮靜的人，才能做到從容不迫，沉穩不躁，堅忍不拔。

寧靜並非枯寂滯止，而在心不妄動，中有所主，它是思維的序曲，也是理智的前奏，更是力量的極致；它是智慧的清明，也是生活的沉澱，更是人生的徹悟；靜者人不擾，澹者人不煩；寧靜之時，心無紛擾，念慮澄澈，當可明人心之本；閒淡之際，氣象從容，精神舒緩，乃可以識此心之真機；心靜而本體現，水清而月影明；燈動無以觀物，水動不能鑑影；風動塵便起，一靜乃無礙；紛擾的心緒，永遠是沒有時間與自已的心靈交談。

雲過天更藍，船行水更幽；世事靜方見，人情澹始長；做入世的事情，抱出世的心情；風輕雲淡，榮辱不驚；葉落水柔，得失無謂；要得脫俗超塵的趣味，我們何不從靜處觀物動，向閒處看人忙；要有安身立命的工夫　我們何妨遇忙時會偷閒，處鬧時能取靜。

那裡有吉祥草

有個老婦人死了心愛的兒子，悲傷欲絕，她想到這世上惟一可以幫助她救活兒子的，就是大慈大悲的佛陀。

「佛陀啊！求你救活我兒子，如果你能救活我兒子，我將成為您的弟子，終身護持，否則，我不再信仰您！」

佛陀聽了她的祈禱，不以為忤，微笑的告訴她：

「世上有一種吉祥草，如果你能找到給兒子服用，一定起死回生。」

老婦人一聽，迫不及待的追問：

「那裡有吉祥草？」

「這草生長在沒有死過人的家中，你趕快去找吧！」

老婦人開始日以繼夜挨家挨戶的叩求，但是走遍各地，沒有一戶不曾死過人，她陷入了絕望痛苦的深淵，驀地，覺悟死亡確是人人必經的過程。

藥醫不死病，佛渡有緣人；生命在無可選擇中誕生，又在沒法抗拒下死亡；誕生既未經同意，死亡亦難以逃避；生離死別，固人之大痛，生老病死，亦人之常情；但是勘不破生死，又如何了生脫死？看不透生命，又如何安身立命？

生命的意義，不在長度與寬度，而在深度與亮度，死並不恐怖，可怕的是一生責任未了；快樂之死，即是真正之生；痛苦之生，不若真正之死；英雄只死一次，懦夫卻死無數次；在死亡面前，值得顧慮的不是生命的空虛，而是生命的價值；一息尚存萬般用，一朝無常萬事休；人因為無法決定如何赴死，所以必須決心如何過活。

無用之生命不啻早日之死亡；人生最大的恐佈是沒有動機；生當重於泰山，死毋輕於鴻毛；當生而不生是謂輕生，沒有價值；當死而不死，是謂怕死，沒有意義；生之死時最難得者，是活的痛快；死之時最難求者，是去的明白；不必貪生，不可厭世；生不墮落，死不糊塗；沒有更大的悲劇甚於生命的浪費；若不知生，永難知死。

人生無不散的筵席，生命無不謝的花朵；人來世上是偶然，走向死亡是必然；不必為生而迷惘，毋須為死而痛苦；不問生與死，但知屈與直；不計長與短，但求是與否；淡看人生，笑觀自已；方死方生，方生方死；人只能活一次，重要的是，如何讓自已，雖然在平凡中生，但卻能在不凡中死；雖然是哭著來到人間，但卻能笑著離開世界；人生就只有這一次了。

那就是佛

有個年輕人離別母親到深山，想去拜訪菩薩，修得正果。

他在路上向一位老和尚問路，寒暄之餘，年輕人說明動機，希望獲得協助，但是，老和尚卻表示：

「與其找菩薩，還不如去找佛！」。

年輕人大感興趣，忙道：「那裏有佛？」。

老和尚說：「你回家的時候，看見有個人披著氈子，反穿著鞋子來接你，記住，那就是！」。

年輕人依吩咐趕緊返鄉，到家已是深夜，他母親已經睡著了，一聽到兒子敲門，高興得來不及穿好衣服，倉促間抓個氈子披身禦寒，拖鞋也穿錯，慌慌忙忙的出來開門。

年輕人一看到母親的狼狽相，熱淚滿眶，立刻大悟。

佛向性中做，莫朝身外求；雖有遠道思親淚，難及高堂念子心；在家敬父母，何必遠燒香；不能盡孝，如何禮佛？不能奉親，如何憫人？人道若有虧，佛道亦難成；盡到孝道，才能修得佛道。

孝者，德之本也；千書萬典，孝順為先；人之行，莫大於孝；孝者，天之經，地之義，民之道；羔羊跪乳，烏鴉反哺，況且為人？父母之恩，水不能溺，火不能滅；父恩比山高，母恩比海深；當家才知米貴，養兒方知親恩；忠臣出孝子之門，孝順為齊家之本；天下無不是的父母；子女於父母真是永負最大之債。

百事孝為先，大孝終身慕父母；至孝首在色悅，忌在色難；大孝尊親，其次不辱，其下能養；事親以得歡心為本；不得乎親，不可以為人，不順乎親，不可以為子；不愛其親而愛他人者，謂之悖德，不敬其親而敬他人者，謂之悖禮；父母所欲為者，我繼述之，父母所重念者，我親厚之；人以待兒女之心奉父母，才是真孝；能孝順父母，亦能善待他人；孝順者，不辱其身，不羞其親；任何傷了父母之心的人，都將有一個孩子給他報應。

樹欲靜而風不止，子欲而親不待；祭之豐不如養之厚，悔之晚何若謹之前；在生孝敬一粒豆，較贏死後拜豬頭；勸君儘量生時養，以免不在空悲想；深恩未報慚為子，淺薄不為羞作人；十月胎恩重，三生報答輕；讓我們捫心自問：父母為我們犧牲了多少？我們又報答了父母那些？沒做到，來得及，還沒做，現在做！

母親的心

有一個年輕人和其女友論及婚嫁。
年輕人問女友，要什麼聘禮？
女友說：「我什麼也不要，只要你母親的心！」。
年輕人一聽非常生氣，怒斥道：
「我怎能狠心去取母親的心，妳太不講理了！」.
女方堅持，表示沒有他母親的心做聘禮，可見不是真心愛她，這輩子休想娶她，就此一刀兩斷。
年輕人很痛苦，但禁不住情慾煎熬，趁其母親不注意時，一刀把母的心取了出來，捧在手中的是一顆熱騰騰血淋淋的心，就急忙跑到女友處獻寶。
誰知跑得太急，在半途摔了一跤，那顆心滾在地，年經人趕緊把心找回捧起來，重新上路。
這時，母親的心卻急切的開口說：
「孩子，你跌痛了沒有？慢慢跑啊！」

一片春暉，盡是慈愛，一句關注，滿懷心疼；不嫌子不孝，但憐傷痛否？全文讀來令人鼻酸，真是道盡天下慈母心：至情至性，不怨不尤，無私無我。

母親是兒女溫暖的天堂，也是孩子避風的港灣；母愛是世上最偉大的勢力，也是宇內最崇高的情感；母愛是本翻不盡的大書，也是座看不盡的遠山；母愛不但是用心力輕輕推動搖籃的舒愜，更是用血汗默默支撐家庭的幸福；母愛是迷航的燈塔，指引著前進的方向；母愛是盡職的戰士，保護著幼小的生命；母愛有如一杯濃濃的茶香，飢渴時給我們帶來溫暖；母愛有如五光十色的彩虹，失落時給我們帶來希望；母親：她的名字就是犧牲和奉獻。

婦人最弱，為母則強；懷胎守護，臨產受苦，生子忘憂，咽苦吐甘，推乾就濕，哺乳養育，洗濯不淨，遠行懷念，體恤子女，究竟憐憫；母親聖潔偉大的愛，宛如海洋般浩瀚，更像陽光般和煦；一個好母親低得上千百個牧師；母親的付出是質樸的，她總是心清如水、原汁原味；母親的奉獻是執著的，不管命運如何苦澀，她總是掏心吐哺、從不打折；世上最動聽的聲音，便是母親的呼喚；母親不但讓人依靠，更讓人成為不依靠人的人；養兒方知娘辛苦，養女方知謝娘恩；母親：天下蒼生當然要從內心一致尊呼您為媽媽！除了媽媽，沒有媽媽。

哀哀父母，生我劬勞；上天無法眷顧所有眾生，母親毅然揹起這個責任；老母一百歲，猶念八十兒；只要是動物就有母愛；母愛永遠值得追思；慈母手中線，遊子身上衣，誰言寸草心，報得三春暉；萬愛千恩百苦，疼我孰如父母！是的，人間慈母心何嘗不就是天上菩薩情？

和玫瑰相處過

有個人在路邊歇息，無意中發現一堆泥土，不斷的在散發芬芳香味，淡雅宜人，他如獲至寶，用麻袋裝了回去，放在家中，居然滿屋瀰漫清香，他在陶醉之餘，忍不住的對著這堆泥土，發出由衷的讚嘆：

「泥巴啊！泥巴啊！你真是天地間的奇珍異寶啊！」

奇怪的是泥巴竟然也答起話來，說：

「請勿見怪，我只是一堆普通泥土而已！」

「那你怎麼會有這麼令人喜歡的芳香？」他好奇的問。

泥巴微微一笑說：「說穿了這個秘密後，你就一點也不稀奇了，我只是和玫瑰相處過很長的一段時間吔！」

與君子交，如入芝蘭之室，久而不聞其香；與小人遊，如入鮑魚之肆，久而不聞其臭；居要好鄰，行要好伴；近朱者赤，近墨者黑；結交個好的朋友，就是飛向幸福的可靠護照。

朋友是聯結兩顆同類心靈的絲帶；在家靠父母，出外靠朋友；益友勝良師，良友勝親戚；與良友伴，路遙不知遠，話多不嫌累；牢固的友情如同堡壘，真心的朋友就是衣褲；財富不是永久的朋友，朋友卻是永久的財富；友誼能使歡樂倍增，可使痛苦減半；交不貴多，得一個可勝百人，交不貴久，得一時可逾千古；真摯的友誼是不會多心；一個懂你淚水的朋友，勝過一群懂你笑容的朋友；真正的朋友，也是遇到災難時不會棄你而去的人。

澆樹澆根，交人交心；吃菜吃心，交人交真；以金相交，金耗則忘；以利相交，利盡則散；以勢相交，勢敗則傾；以情相交，情斷則傷，以心相交，才能日久天長；君子之交淡如水，小人之交甜如蜜；貧病知友誼，離亂識真情；損友敬而遠，益友近而親；友誼要用忠誠去播種，要用熱情去灌溉，要用原則去培養，要用諒解去維護；友誼是鞏固在真摯上，發展在批評裡，斷送在奉承中；與君子交要以道義，與小人交要以禮貌，與鄰居交要以誠信，與部屬交要以恩惠；與智者同行，你會不同凡響，與高人為伍，你能登上巔峰；和積極的人為友，你不會消沉，和勤奮的人為友，你不會懶惰；用人情做出來的朋友只是暫時的，用人格吸引來的朋友才才是永久的；交友當面要敬重，背後要稱讚，遇必要就幫助，誰要求個沒有缺點的朋友，誰就沒有朋友；交友無貧富，情文重千金，能和什麼樣的人在一起，就會有什麼樣的人生。

不是朋友便是敵人，必四面結怨；不是敵人便是朋友，則八面玲瓏；人生難求一知已，知已難遇幾人留；擇友雖難，交心則易；知音是貼切的默契，知已是完美的深交；人生最悲哀的孤獨，是沒有真心朋友，我們要獲得朋友，那麼，最好的辦法，就是先做別人的朋友，而最好的朋友，就是要把自已當個朋友。

世上最美好的東西

有個畫家為了捕捉世上最美好的事物，作為繪畫的主題，不顧家人的反對，堅持到世界各地尋找，雖然遊遍了許多國家，見識不少的事物，但都不是他想畫的。

這天，他驚見一位美麗的新娘，忍不住上前探問：

「請告訴我，世上最美好的東西是什麼？」

「哦！是愛！」新娘嬌羞的回答。

但是，他感到失望，愛太抽象，他畫不出來。

不久，他又深為一位垂危戰士的勇氣感動，他去問：「世上最美好的東西是什麼？」

「和平！」戰士臨死前擠出這兩個字。

他依然失望，體會不出，就這樣日復一日，走遍了各地方，最後絕望之餘，拖著疲憊的身子回到家裡，當妻兒興奮地出來迎接時，他眼精一亮，精神大振。

「這不就是我要追尋的答案嗎？妻兒高興的表情，不就是愛？家的溫暖氣氛，不就是和平？」

闔家之歡顏，乃真愉快；親情之慰藉，乃真幸福；世界因愛而美麗，家庭因愛而和諧；彩筆畫盡千萬路，人間最美還是家；故事的結局，令人倍感溫馨，金窩銀窩還真不如自己的舊窩，大家小家還真不如自己的老家。

家是父親的王國，母親的世界，子女的樂園；家是一個愛的世界，更是一個美的天地；家不但是身體的棲息所，也是心靈的寄托處；家是治療憤懣憂愁的中心，也是製造快樂堅強的泉源；對亞當夏娃而言，天堂就是家，對他們的後代而言，家就是天堂。

家和萬事興，無愛不成家；丈夫持家，小事裝糊塗，大事不糊塗；妻子治家，大處不精明，小處要精明；勤則家起，懶則家傾，儉者家富，奢者家貧；家內不理，無以整外；屋內不治，何以為外；忍讓為安家之本，積善為傳家之要；平安即是家門福，孝友方為子弟風；勤勞門戶歡愉永，和樂人家幸福長；兄弟和自有其樂，子孫賢此外何求；父子和而家不退，兄弟親而家不分；甜蜜的家，真是一個人成功立業的基礎。

成家容易持家難，敗家容易愛家難；屋是樑與牆壁的組合，家是愛與和諧的構成；我們愛家，就要好好護家；我們持家，就要好好理家；雖然有了兩個家的人，會成為放蕩者；但是沒有一個家的人，必成為流浪者；雖然有能可以購房屋；但是有錢也不能買家庭；快樂的家，真是所有志向的最終目標，也是所有勞苦的最後終點。

我的問題呢

有個乞丐終日乞討為生，自感命苦，何時是了？於是，想前往西天請教佛祖，邊討邊走，倍嘗艱辛。

這天深夜，走到一處深山，碰到一位老邁且拿著鋤頭不斷耕種的農夫，彼此寒暄，瞭解原因後，老農夫懇求說：

「請可憐我，順道求求佛祖，我已修行一百年了，何時得道？」

乞丐心軟，毫不猶疑，答應後又走著走著，碰到一條大河，他看到一位身穿簑衣且相當孱弱的老船夫，一陣互動後，老船夫也哀求說：

「實不相瞞，我行船修渡近兩百年了，請佛祖指示我如何可以脫離苦海？」

乞丐感同身受，應允協助，又日夜不停的趕路，這晚，夜宿一破廟，睡夢中，佛祖現身，慈祥的問：

「你不遠萬里，找我何事？不過我只能答覆你兩個問題！」

乞丐馬上想到孱弱的船夫和老邁的農夫，一口氣說完後，合十祈禱說：「敬愛的佛祖啊！如何才能幫助他們？」

「叫他們丟掉鋤頭和脫下簑衣，就得正果！」說完，佛祖不見了。

「啊！糟了，我的問題呢？」

他脫口而出，也悵然若失，但不後悔，老船夫與老農夫終於得道升天了。

蹣跚的踏上歸途，意外的，他在兩人送他的簑衣中，卻發現了百顆珍珠，鋤頭也是金製品。

善良必有福報，慈悲終得慧覺；愛人者人恆愛之，敬人者人恆敬之；這個故事的意義，其實已在整過程中，得到了答案；善良的人，總是先有別人，而忽略自己，善良確是人性最聖潔的光輝。

善良是靈魂的導師，是健康的良友；行之在外是親和，蘊之於內是仁慈；心地善良是好人，行為良善是神聖；雖然美麗使人悅目，但善良卻使人賞心；雖然才智使人高明，但善良卻使人高貴；善良的人，錢被掏空，心卻填滿；善良無須考核，而無往不利；善良可使做事合理，事故變少；善良可使待人有情，人緣變好；覺慧者，往往逢凶化吉，善良者，往往轉危為安；善良總會變壞事為好事，轉厄運為幸運，化危機為生機。

善良的擴充就是愛；人的溫暖，可以治病；人飢已飢，人溺已溺；老吾老以及人之老，幼吾幼以及人之幼；寧人負我，我不負人，寧我濟人，勿人濟我；我加一道體貼，人感十分溫暖；我多一味溫柔，人懷萬般欣慰；憑良心做人，沒有不是之事，循善意做事，沒有不成之理；善良永不枉費；因為人心是善良，所以人間有溫情；善良的人就是菩薩在人間的分身。

富者善良可保身，貧者善良免招禍，愚者善良仍可愛，智者善良最偉大；存心善良，只消把握一個愛字，使人人可行；用心良善，只要緊守一個柔字，便事事皆準；是的，愛才使善良更純，柔才使善良更美。

這頭羊還我

有個農夫準備死後將僅有的財產四十七頭羊，遺留分配給孩子，但顧慮各人環境不同，彌留時特別交待：

「老大負擔較重，應分配總數的一半，老二剛在創業，可在剩下的羊裡分配一半，老三則在求學，可再從分剩的部份再拿一半，最後所有剩下的，由年紀小的老四拿二分之一，老么也拿三分之一。」

孩子們都遵從遺命，但為這種分配方式，傷透腦筋，彼此爭得面紅耳赤，怎麼算法都湊不到整數，又不能把一頭羊剖半，這時，鄰居知道後，牽來一頭羊，說：

「借給你們，但分配後，這頭羊還我！」

於是，問題解決了，大兒子分到二十四頭，二兒子分得十二頭，老三，老四和老么各得：六，三，二頭。

翻動木柴，可使死灰復燃；改變方法，足使笨腦靈光；路子是人走出來的，法子是人想出來

的；巧思妙想出靈感，實踐探索造成果；相同的難題，不同的處理，結果就是不一樣，方法的運用，往往是決定成敗的主要手段。

方法即手段，也是效率的關鍵；上有辦法，下有方法；上有政策，下有對策；一樣的米麵，各人的手段；膏藥是一樣，熬法大不同；對症才能施治，對策才能管用；穿衣先提領，抓鴨先抓頭；射人先射馬，擒賊先擒王；記事者必提其要，纂言者必鉤其玄；正其末者，先端其本；從其流者，先潔其源；舉一綱而萬目張，解一捲而眾篇明；外行人看熱鬧，內行人看門道；所謂方法，就是從不充分的前提中，導出充分結論的巧妙。

天下之難事，必作之易；天下之大事，必作之細；廣泛問題，要從焦點入手；複雜問題，要在根本著力；物以部分，事以類合；簡單則明瞭，切中則肯要；揚湯止沸，不啻捨本逐末；釜低抽薪，是為正本清源；有了金鎖匙，不愁鎖不開；看花旦看眼神，瞧花臉看功架；門門有道，道道有門；不思考則淺，不巧用則鈍；正確的辦事方法，首重條理，次求順序，以簡馭繁，以本制末；科學的做事方法，就是由近而遠，自卑而高，為大於微，圖難於易；週延的方法更要包含：何人？何地？何時？何事？如何？為何？

世間事無絕對之難易，懂得方法，難者亦易；天下人無絕對之智愚，曉得要領，愚者亦智；鼓要敲在點上，簫在吹在眼上，鋼要用在刀上，勁要使在鍵上；沒有不好的土地，只有不對的耕法；做事沒技巧，吃力不討好；路不通時，選擇繞行；水不流時，選擇疏通；事不順時，選擇稍候；心不快時，選擇看淡；情不對時，選擇看開；用對了方法，就是找到了訣竅。

你來這裡幹什麼

有個剛當記者的年青人，接到命令要採訪一宗新聞事件，他趕緊跳上一計程車，把地址給了司機，問也沒問，匆忙地到了現場後，迅速向聚集的群眾問了事件背景，又訪問了受害者鄰居與家屬，接著，繼續報導，於是走到一個若有所思，看著熱鬧觀眾面前。

「你是鄰居？」他把麥克風，對著這人嘴前。

「不是！」

「家裡的人？」他又問。

「不是，也不是親戚！」

「哦！那你和受害者有什麼關係？」

「沒有關係！」

「那麼，你到這裡來幹什麼？」

「是你叫我開車送你到這裡來的啊！」

浮躁，淺率，冒失，智不足，才亦不足；凝重，沉穩，從容，學有餘，能亦有餘；嘴巴無毛，辦事不牢；這個年青人，迷糊到家，令人捧腹；粗心大意的人，成事不足，敗事有餘。

毛躁乃智慧的包袱，冒失總是錯誤的鄰居；浮矜者識淺，操切者器短；毛躁貌似積極，其實蠢極；浮躁像紗衣，雖然好看，但不遮體；不經大腦的動作，雖在運作，卻是白做；心粗最害事，輕浮不就等於是腦筋簡單！

樸能鎮浮，靜能御躁；洪鐘無聲，滿瓶不響；小心則百事可為，大意則一事無成；輕發多敗，穩重常成；沒看清楚不喝酒，沒讀明白不簽帳；處事從容則有餘味，為人從容則有餘年；事必三思而後行，言必再確而後出；慎重者，始若怯，終必勇；輕發者，始若勇，終必怯；行穩方致遠，用忍可戒急；缺乏智慧的動作毫無價值；做出了沒有意義的動作，就像發出了沒有思想的聲音。

天躁有雨，人躁有禍；行事慌慌張張，誰會對我們放心？為人冒冒失失，我們能叫誰安心？真正的成功，不是去了就完畢，而是成了才完美；真正的完美，不是完成就了事，而是完善才算數；的確，毛躁真是個毛病。

有丟就有檢

從前有個國家的國王出遊，在路上不慎遺失了最喜愛的弓箭，左右待衛慌成一團，急著要找到。

國王說：「沒有關係，不用去找，檢到的人，還不是我們國家的人民，反正都是本國人，何必非找回不可！」

這種胸襟，不能不說了不起，可是，當時有個哲人聽到後，不以為然，說：「這還不夠偉大，為什麼不說，有人遺失了，就會有人找到，反正都是人，何必計較是否本國人！」

這種精神，竟境更高一籌，但是另外一位聖人聽到後，還是不表滿意，說：

「還要計較是否人類？何必呢！有丟就有檢嘛！」

天下本一家，弓來弓去物仍在，不必別彼此；世界原大同，箭失箭得具未變，毋須分人我；事在是非，公無遠近；如此的恢宏，非大公者不為；如此的器識，非至正者莫屬；目貴明，聽貴聰，心貴公；公正，不僅是立國之大法，更是人倫之大本。

不私之謂公，不邪之謂正；公者無私，平者無偏；平出於公，公出於道；平而後清，清而後明；路不平，眾人踩；理不公，大家擺；失其公，則無從得其正；捨其正，則無於處其公；惟公則生明，惟廉則生威；為公則無愧，因私則有偏；有智而不公，與其謂聰明，毋寧稱狡猾；有才而不正，與其曰能幹，毋寧說剛愎；公正的人，胸懷必定磊落，行事必定光明；公正能使人友愛；公正確是一切正義的泉源，更是人類的最高理想。

水平不流，人平不語；公生明，偏生暗；不患寡而患不均，不怕錯就怕不平；持心如衡，以理為秤；水至平而邪者取法，鏡至明而醜者無怨；大丈夫接物，論公平，不論貴賤；真君子待人，講正直，不講賢愚；公平處事，勿作偏袒是為智；正直居心，不弄差別是為明；內舉不避親，外舉不避仇；視人當存公平心，異樣衣服同樣身；用一個公已公人心，大家成一家；任一個自私自利意，一家分多家；做事公正一小時，勝過祈禱五日夜；治眾以公，天下為公；不公的東西，實在無益於人，公正的事情，至少無損於人；虛榮告訴人們什麼是榮譽，良心告訴人們什麼是公心；最高尚的動機，就是公益。

公者四通暢達，私則一偏而隅；一公則百事通，一私則萬事閑；高高山上雲，自卷自舒，何親何疏；深深澗低水，遇曲遇直，無彼無此；大明則無私照，至公則無私視；我們待人一旦存有差別心，不能公正，又怎能像雲一樣悠閒自在？我們處事一旦產生親疏感，無法公平，又如何像水一樣平實自然？

不能再當爸爸了

在一場劍術競技會場，高手雲集，上屆冠軍選手出場，趾高氣揚，就地對在場嗡嗡亂飛，且又妨礙衛生的一隻蒼蠅，快劍一揮，得意的告訴大家：

「牛刀小試，各位，請給我掌聲！」

檢查後，發現蒼蠅被劈成兩半，全場掌聲雷動。

另名選手不甘示弱，進場也照樣來個一手後，高喊：

「請注意，這屆冠軍屬於我的！」

的確，這隻蒼蠅的腳全被砍斷，觀眾情緒更加沸騰。

最後，一個毫不出眾的選手出場，皺著眉頭對場內的蒼蠅，運劍如風，可是牠們飛翔如故，現場大爆譏笑，他心想：「奪不奪標無所謂，重要的是，牠們不能再當爸爸了！」

大家抓住一看，蒼蠅們的生殖器官全被快劍割掉了。

人在爭名，他在應賽；人在奪標，他在除害；至樂無樂，至譽無譽；勿屈已而徇人，勿沽名而釣譽；這位老兄，雖然可佩在武功，但是可敬在環保，有意種花花不開，無心栽柳柳成蔭；真正的榮譽，不是名實不符，而是實至名歸。

榮譽是第二生命，還是道德的影子，也是靈魂的光彩，更是體魄的正能；榮譽是非倚仗名位得來；也不受法令管轄；榮譽不是榮寵，也非虛榮；美名勝過美貌；高尚的人重視榮譽逾於生命；榮譽在黑暗中，也能永保光輝；沒有榮譽感的人，就是沒有靈魂的人；榮譽的桂冠是用荊棘編織而成；無瑕的名譽是世間最純粹的珍珠；能永垂不朽於世者，只有崇高的榮譽。

生命是兩人所賦予，榮譽是眾人所推崇；榮譽不存，人生猶死，無上榮譽，獨存于德；榮譽是品行的試金石，榮譽與自私是不能並存；勇士與榮譽在一起，罪人與法庭在一起；宗教建立在謙卑的基礎上，榮譽則建立在自尊的人性中；征服榮譽勝過獲得榮譽；榮譽見之於最平凡的習慣；藐視榮譽的人，才能得到真正的榮譽；一分榮譽，一分責任；十分榮譽，十分責任；履行諾言是榮譽的保證；榮譽不是自我欣賞的飾品，而是鼓舞人們前進的號角；得失一朝，榮辱千載；凡經得住考驗，榮譽才會現出光芒。

名不徒生，譽不自長；有名而無實，則其名不行；有實而無名，則其實不長；真正的榮譽，不在於時人的讚美，而在足供後人效法；最好的美名，不在於一人的褒揚，而在於確使眾人欽佩；不經艱危，得不到桂冠；不經苦難，得不到成就；不歷艱險，得不榮譽；我們要在乎的，不是要得不得到，而是在夠不夠格；畢竟，榮譽是一個人的表現，而品行才是一個人的真實。

居然會走眼

學測的前一個月，小陳怕考不取，經人指點後，求教摸骨命相家，相士摸完後，恭喜他說：

「你生就一身奇骨，考上大學易如探囊取物，一定考取！」

小陳大喜，心情輕鬆之餘，暫將所有書本與筆記束之高閣，整天看看電影聽聽歌，偶爾翻一下書，因為胸有成竹，所以心不在焉，但是，放榜後卻名落孫山，他氣急敗壞跑去質問命相家，何以不靈？

命相家聽後，頗為吃驚，說：

「奇怪，居然會走眼，讓我再摸一次看看，到底是什麼原因？」

摸完後，恍然大悟，對著小陳頻頻抱歉地說：

「實在糟糕，上次居然沒把這根懶骨頭摸到！」

書山有路勤為徑，學海無涯苦作舟；青雲有路志為梯，前途無限勤是岸；苦為無價寶，勤乃幸運符；勤有功，戲無益；成功端賴努力，既非憑異稟，也非靠幸運；小陳的落第，深具警示意義，要出頭，豈可不先埋頭？要出氣，焉能不先爭氣？

勤勞是成事之本，懶惰是敗事之階；刀要石磨，人要事磨；少不辛勤，老必難困；智者因奢靡而蹶，頹者以困約而興；聰明人也許會偷安，成功人絕對不偷懶；蜂采百花釀甜蜜，人讀群書明道理；勤奮是聰明的土壤，勤學是聰明的鑰匙；學在苦中求，藝在勤中練；平靜之海，難出偉大的水手；風雨之後，總現璀燦之彩虹；汗水換來豐收，勤學取得知識；世界榮譽的冠冕，都是用荊棘編成的。

滾石不生苔，流水不發臭；鳥欲高飛先振翅，人求上進先讀書；寶劍不磨要生銹，人不勤學要落後；讀書怕吃苦，還有苦在後；人生在勤，勤則不匱；天道酬勤，勤則補拙；一年之計在於春，一生之計在於勤；勤學如春天之苗，不見其增，日有所長；輟學如磨刀之石，不見其損，日有所虧；淚是酸的，血是紅的，奮鬥得來的成果是徹底的；笨鳥先飛早入林，笨人勤學早成材；你若要想得榮譽，則勿使太陽窺汝之床；一顆樹除非在春天開花，否則難望在秋天結果；勤奮的人，將有化萬物為黃金的本事；每一發憤努力的背後，也必有加倍的賞賜；珍惜由額頭流下辛苦的汗水，必將從眼角湧出快樂的淚水；一分耕耘，一分收獲；勤奮誠乃好運之母。

凡是走過的，必留下痕跡；凡是拼過的，必創下成績；人勤地生寶，人懶地長草；要得會，天天累；要得精，用命拼；我們求學不下功夫，妄想顯榮，豈有此理！我們治事不盡全力，癡求成就，從何得來！只要功夫深，鐵杵磨成針；人生只有走出來的瑰麗，那有等出來的燦爛！生命只有拼出來的光榮，那有懶出來的成功！成就沒有白來的奇蹟，只有努力的軌跡；成功沒有僥倖，只有勤快的奮進；拼一個天昏地暗，換一生無怨無悔；含淚播種的必定歡笑收割。

仔細看了卷首

有個頗為自負的學生參加考試，拿到試卷後，大致瀏覽了一下，除了頭一行：「請看完所有題目之後，再開始作答」之外，有一百題是非，如此簡單，他估計約半小時就可繳卷。所以拿起筆即開始作答，自信很快就可完成。

過了兩分鐘，有人繳了卷，他心中偷笑：

「那有考得這麼快，大概是個繳白卷的傢伙！」

再過了五分鐘，又有七八個人滿臉笑容的繳卷，他看到自已也剩不到十幾題，也趕忙加緊作答，不願落後，可是答到第九十八題，赫然發現題目是：「本項考卷不需作答，只要簽名交卷即滿分，多答一題，多扣一分。」

他緊張地舉手質疑，老師慎重的說：

「看一看你們試卷第一行的說明！」

他仔細看了卷首，怨悔不已。

大吃多噎，疾走多蹶；欲速則不達，愈急愈有瑕；故事雖是虛構，現實到也常見；尤其，性急的人，吃緊弄破碗，效果適得反；適足說明：快並不代表好，慢也不見得差；快走會無好步，慢工才出細活；穩妥與牢靠才是最快的速度。

天下事，急之則喪，緩之則得；常成於堅忍，而毀於急躁；快紡無好紗，快嫁無好家；一口不能吃塊餅，一天不能打個井；其進速，其退銳，其量急，其質差；高尚的學術，不能一時而得；絕大的事功，並非一蹴而成；走得慢些，才能走得遠點；未學走路前，不可先學跑；做了寒衣楊柳青，做了夏衣水結冰；若偷時間辦事，將花時間補償；凡登最高之處，無不都是經由迂迴的階段；急躁最是個沒有智慧的速度。

價值的衡量，不在速度，而在正確；迅速的真義，不在看時間快慢，而要看進展多少；速登者易顛，徐進者少患；瓜熟方蒂落，生滴不適口；忙中有錯，事緩則圓；走路不停止，烏龜贏兔子；疾馳的快馬，最多跑兩座山；從容的驢子，才能走漫長路；事到時，且莫急，要緩緩想；想好時，切莫緩，要急急做；穩妥的船是不輕易離開岸邊；牢靠的梯子是一節一節的爬；想看日出，就必須守待拂曉；真正迅速的人，並非光知道，而是懂得好，並非只是會，而是做得對。

立志欲堅不欲銳，成事在久不在速；手可快，但眼要明；心可急，但氣要穩；狼吞的未必健康，虎咽的未必消化，搶先的未必得勝，快跑的未必會贏；我們可以圖便，但不能貪速；我們可以爭先，但不可求快；成功不是急起直追，須要從容；勝利不是日夜兼程，須要堅持；速度不比智力，而比努力；速度不比起步，而比進步；不鳴則已，這是穩度，一鳴驚人，便是強度；是的，強度加穩度就等於是速度。

從左到右

小林從非洲返國，談到此行推銷情形時；一反以往得意狀，顯得相當沮喪，屢有不甘，他說：

「這次任務是推銷公司新開發之汽水，生意很大，很有賺頭，可是我差點被公司開除！」

「為什麼？」朋友訝異的問。

「那時，我為了方便行銷，特別精心設計了一套由三幅圖像組成的廣告！」小林臉上難掩得意的神采，接著說：「第一幅畫是一個站在沙漠裡滿身大汗的傢伙，中間一幅畫是他大口大口地暢飲我們的汽水，後來的第三幅畫是這傢伙滿意的笑容，精神抖擻！」

朋友說：「廣告的確非常生動啊！看不出有什麼問題。」

「唉！」林強沉重的嘆了口氣，說：「問題出在，我不知道非洲人的閱讀習慣，是從左到右！」

入國問禁，入境隨俗；知已知彼，百戰百勝；國情既不同，行銷要有別；風俗既有異，廣告非兒戲；小林對環境錯估，又對市場不明，失敗自然難免；問題出在不瞭解，而偏偏瞭解又是一盞明燈，只有它能清楚地探照前進之路。

一切誤會猜忌與隔閡，均出於不了解；知道自已理解對方，才能保持良好的關係；盾要看兩面，不瞭解悲哀，便不知道喜悅；跨著大步走路之前，該看看自已的腿有多長；你所不能理解的東西，也就是你所無法擁有的；世上最不可理解的事，就是它可以理解；自已的鞋子自已知道緊在那裡，自已的飯量已了解飽的程度；夏蟲不可語冰，冬草難與言熱；了解真是求得真象的重要因素。

知人者智，自知者明；瞭解自已乃真正的進步；欲勝人者，必先自勝；欲知人者，必先自知；與命運爭吵的人，永遠無法瞭解自已；要別人明白自已，先得設法明白別人；要想了解自已，最好問問別人；你想出名而不願了解世界，就居住在鄉村；你想了解世界而不願人知，那就住在城市；坦白最易博取別人的了解；設身處地從別人的觀點去看事物，才可真正瞭解別人；要深入了解的方法，只有一個，就是不急著下結論；偉人的才能，就是了解別人身上的偉大；不患人之不已知，而患已之不知人；了解自已是智慧的最高點；最瞭解自已的人，往往對自已評價是最低；瞭解真是一門最難辛的學科。

一知半解足以歪曲真理，無知無解根本不懂真理；愚者：他的腦袋最缺的是認識，他的眼睛最差的是觀察，他的手中最少的是判斷，他的心思最笨的是瞭解；智者：他的腦子最對的是無知，他的骨子最多的是深入，他的內心最強的是認清，他的全身最對的是正確；一個不了解自已的人，根本談不上了解別人；一種最不了解的習慣，就是以為了解一切；所以別人的長處，我們要看多；自已的缺點，我們要看清；等到我們迷失了，我們才會了解自已，但已晚了。

擠出的牙膏多一倍

在一家牙膏公司的會議室裡，為了提高業績，老闆冷峻的盯著在座的業務主管，不惜重金獎勵，要求立即提出突破性的具體方案。

所有的主管絞盡腦汁，各種方法都想到，甚至造謠破壞對方等等，但未被接受，大家急如熱鍋上的螞蟻。

這時，一位在為大家遞送咖啡的服務小姐，怯怯的說：

「我…我可不可以提供一點淺見？」

老闆正在火頭上，沒好氣的說：

「可以，不過妳得保證不是搗蛋的，否則……」

「我在想，每個人刷牙時，擠出的牙膏長度，大都已成習慣，但如果把牙膏出口的口徑擴大百分之三十的話，擠出的牙膏就會多出一倍，那麼每月固定一條牙膏的家庭，是不是從此要用到兩條？」她若有其事的說。

老闆愣了一下，接著開懷大笑，會場中一片喝彩。

創意就是生意，點子就是銀子；模仿即落伍，創新則領先；這個小姐的主意，論新，足以顛覆傳統；論好，絕對增進營收；毫無疑問，創意真是一切突破的秘訣。

創意是生命的香料；創新是創造性地破壞；創意是見人所曾見，但卻思人所未思；創意是瞧不起落伍，更看不慣現況；創新是把已知的觀念，以新的排列組合安放在一起；創新的重要，不只在引導發現新的事實，還在激發製造新的努力；雖無學識但有創意的人，即是在沒有腿兒時也會長出翅膀；有創意的人，世界總會給他預留了出路。

一點小巧思，豐富大世界；雖然是一小步的改變，也許是一大步的成功；靠父親的學識，成不了學者；沒有大膽的臆測，就沒有偉大的發現；預測未來最可靠的方法，就是創新未來；唯有創新才能進步，唯有突破才有卓越；富有創意的頭腦，可以發現錯誤的問題；人類的奇蹟，往往經由創新找到答案；創新誠為扭轉劣勢的最後處理。

說話是走的，思考是飛的；知識是有限，想像是無窮；富有創見的頭腦，經常是在轉動；具有先進的思維，永遠是在飛翔；是的，不願動頭腦的人是固執，不能動頭腦的人是愚笨，不去動頭腦的人則是失敗；創新才是事業的生命力。

退步原來是向前

禪院有一群和尚，正在寺前的圍牆習畫，並模擬一幅龍爭虎鬥的畫像，龍在雲端盤旋，虎踞山頭怒吼，非常神似，但大家一致覺得動態不足。

適巧，主持大師經過，大家請教如何把龍頸仰高，並且虎頭伸前，表現更為凌厲。

大師看過後說：

「不對，龍在攻擊前，頸要向後退縮，虎要向上撲時，頭要向下壓低！」

和尚們頗為不解，問道：

「師父，龍頸後伸，虎頭貼地，實在不夠雄壯威武啊！」

大師微微一笑，輕輕吟道：

「手把青秧插滿田，低頭便見水中天，身心清淨方為道，退步原來是向前。」

氣忌盛，心忌滿；水滿則溢，月滿則虧；自奉必減幾分方好，處世須退一步為高；水低成海，人低則王；龍頸後伸，虎頭貼地，強大處下，柔弱處上；後退不但是前進的張本，更是為人處世的第一要務。

齒以堅毀，刀以銳摧；曲則全，柔則寬；過剛則挫，過直則屈；遇事退一步，當時似難堪，事後圖平安；出言讓兩句，當時似怯懦，過後保熱絡；臨事退縮一寸，自有餘地；臨財放寬一分，自有餘味；無辯所以息謗，不爭所以止怒，退讓真是高貴的克己工夫。

海洋最深處，大風不能翻起，天空最遠處，烏雲不能上升；少爭一句可免是非，多忍一刻可滅煩惱，後退一步可緩衝突；徑路窄處，宜讓一步給人走，滋味濃時，須留三分與人食；直木先伐，甘井先渴；汝惟不矜，天下莫與汝爭能，汝惟不伐，天下莫與汝爭功；事當難處，只讓退一步，便容易處；路當難行，只禮敬三分，便容易行；讓三分何曾虧我，退一步不是怕人；不與人爭，心就輕鬆，不與人比，心就寧靜；人情留一線，日後好相見；退讓誠乃世上最確切的禁戒。

能埋頭才能出頭，能讓人才能人讓；是非只因多開口，煩惱皆為強出頭；滿盛易為災，謙沖恆受福；退才是聰，讓才會明；心寬一分則霧消雲散，讓人一步則晴空萬里；在功名富貴之前，我們退一些，這是何等志閑神定！在人我是非之際，我們委屈一下，這又是何等心安理得！是的，能低頭才不會叫人搖頭，能讓步才不會使自已跺步。

只恨剩一文

據說觀世音菩薩得道成仙以後，想找一個弟子繼續服務蒼生，但最重要的條件，首先就是要不貪心。

於是，觀世音變成一位老婦人下凡人間，在一個廟前，擺起賣湯圓的攤子，也貼了一張紙，上面寫著：

「湯圓一文錢吃一粒，兩文錢吃到飽，歡迎惠顧！」

從早到晚，許多人都聞風跑來吃湯圓，卻沒有一個是吃一文錢，全都是兩文吃到飽，這種便宜事那裡找？

眼看黃昏來臨，觀世音心想收徒無望，突然，發現有一個年輕的男子，付了一文錢，吃了一顆湯圓就走了，觀世音大喜過望，快步追上前去，問道：

「你為什麼不用兩文錢吃到飽？年輕人！」

這個男子面帶無奈的神情，說：

「只恨我身上就剩一文錢啊！誰不想吃到飽，白癡！」

觀世音愣在當場，長嘆一聲，縱身飛回天上，終身再不收弟子了！

廉者常樂無求，貪者常憂不足；患起於多欲，福生於不貪；既有了便宜的貪心，便有不便宜的懊悔；年輕人的一念之間，因小失大，錯失了好運，斷送了前程，與其說是天意，毋寧說是自取。

貪乃罪惡之泉源，也是榮譽的墳場；天生萬物應世人所需，則綽綽有餘，供侈者之所貪，則嚴重不足；貧者僅希望得到一點，奢者則希望得到更多，貪者卻希望得到一切；罪莫大於縱慾，咎莫大於好貪；不足造成貪婪，向為墮落的淵藪；貧乏化為進取，則為成功的動力，一個胳膊下，夾不了兩個西瓜；貪求無度者，必無法養活自己；無厭之慾，誠亂之所生也。

人生有度，過則為災；一飽之需，何必八珍九鼎；七尺之軀，安用千門萬戶；功不求盈，業不求滿；不求無怨，不貪無悔；寧可缺而不足，不可貪而有餘；知足者，身貧而心富，貪得者，身富而心貧；人心不足蛇吞象，世間到頭螳捕蟬；奢靡敗度，儉約鮮過；一無所求，無所不有；妄取人財，佈施無益；不能儉於已者，必妄取於人；貪欲無厭者，當致盡失所有；貪婪者總是一貧如洗的。

知足是自然的財富，貪婪是人為的貧窮；要無煩惱要無災，知命隨緣拒不該；自我知足是良藥，不是神仙勝神仙；是的，事能知足心常愜，人到無求品自高；不求無怨，不貪無悔；我們能知足，天不能貧，我們能無求，人不能賤。

沒挖一鋤頭

有個年輕人二十幾歲就餓死，玉帝查閱生死簿，這人該活六十幾歲，一生也該有千兩黃金的收入，怎麼這麼年輕就餓死，心想會不會財神污掉這筆錢，所以，傳財神詢問。

財神說：「我不會污，只是看這個人命格裡的文才不錯，可以在文藝上發展，所以把錢移交文曲星運用。」

玉帝又傳文曲星，但是，他說：

「這人雖有文才，唯生性好動，體格健壯，走武行比較有前途，為了他好，所以又把錢交武曲星去幫助他。」

玉帝找到武曲星，但是，他也說：

「這人從文從武都很好，但為幫他把基礎打好，所以錢又交給了土地公。」

土地公來的時候，嘆了口氣，說：

「我怕他拿不到黃金，就埋在他家門口的田地上，出門挖一鋤頭就可到，可惜，他父親死後，他從不曾動過鋤頭，坐吃山空，活活餓死！」

最後，玉帝的結論：活該，千兩黃金繳還公庫。

華貴的殿堂是投心力築成，康莊的大道是流血汗鋪成；艱險由怠惰生，貧窮從懶散來，勤為千善藥，惰為萬惡源；這個年輕人，習閒成懶，因惰而亡，叫玉帝都不表同情，堪稱罪有應得。

懶惰為苦難之母；怠惰就是：誘惑的溫床，疾病的搖籃，時間的浪費者，福祉的蠶食者，低能兒的庇護所，愚蠢人的星期天；怠惰為良好心智與品格的腐毒；懶惰是世上最大的奢侈；世事以難而廢者，十僅一二，但以懶而怠者，十卻八九；怠惰中含著永恆的絕望；催人老者，莫如怠惰；懶惰真是靈魂之鏽。

治療懶惰的唯一方法就是工作；勞動是財富的偉大製造者；愈多作，愈能做；愈忙碌，愈充實；只要鋤頭舞得動，那有牆角挖不倒；如果你有卓越的才幹，勤奮將增進它；如果你是平凡的才能，勤奮可以補強它；非勤勉，即飢餓；用壞總比鏽壞好；要知道花卉的灌溉需要大量水份，但主要的還是汗水。

物要防爛，人要防懶；根實則葉茂，人勤則業旺；苦才是人生，累才是工作，變才是命運，忍才是歷練；無可否認，天下少有做不成的事，卻有很多不努力的人，少壯不努力，老大徒傷悲；年少不勤奮，老來必悲哀；少年去遊蕩，年老就流浪；人生不去看朝陽，心中怎會有晨光？

一屁打過江

相傳，有個書生和一位禪師，交稱莫逆，經常談佛論道，有天，書生自覺對佛法頗有心得，撰詩一首，派人過江送到對面的禪師，聽聽他的感想，詩云：

「稽首天中天，毫光照大千，八風吹不動，端坐紫金蓮。」

禪師一看，拿起筆批了個大大的「屁」一個字，派人送還，書生知道後，大為光火，過江找禪師理論。

「我的修行，你不讚美也罷，怎可罵人？」書生氣呼呼的說，並把禪師的字，擲在地上。

禪師若無其事的說：「哦！你不是說八風吹不動嗎？怎麼一個屁字就打過江來？」

書生慚愧不已。

神氣淡則血氣和，火氣旺則脾氣大；神斂方見色齊，氣收可使心平；口中稱不動，一屁見無明；如此浮妄氣；何來金蓮端？治氣才能治心，養氣才能養望；故事饒富禪思，耐人尋味。

氣者心之輔；心誠色溫，氣和詞婉；心神定可應大事，志氣足可膺重任；以正氣接物則乖戾消，以客氣迎人則隔閡除，以浩氣臨事則疑畏釋，以靜氣養身則夢寐恬；有才氣可見於事，有義氣宜對於人；有銳氣須藏於胸，有和氣則浮於面；心平無煩惱，氣和致吉祥；動氣冒火，就是心智的酩酊，更是失智的前奏。

生態不可一日無陽光，人心不可一日少和氣；義理之爭不可少，血氣之怒不可有；治浮氣惟在止忿，消火氣要在容忍；少思慮以養心氣，寡色慾以養腎氣，常運動以養骨氣，戒嗔怒以養肝氣，薄滋味以養胃氣，省言語以養口氣，多讀書以養慧氣，順時令以養元氣；吞得一口氣，可免百日憂；怒不過奪，喜不過爭；與其抑暴戾之氣，不如養和平之心；倘能受盡天下百般氣，自能養就胸中一段春。

氣性不和平，則文章事功，俱難效法；心地多激切，則人品學術，均待檢討；我們的情緒，保持了心平氣和，相信面對再複雜的是非，心境也不會受到困擾；我們的舉止，表現了氣定神閑，相信面臨再炫惑的名利，行為也不致產生激動；損失金錢的人，損失甚少；損失健康的人，損失很多；損失理性的人，損失一切；治氣真是修心養性的基本工夫。

整晚和我住一起

老王一直埋怨他的老婆，愛說謊話，很不老實，夫妻之間也經常為了互不信任，而發生齟齬。

這天一大早上班時，老王忍不住向同事大發牢騷：

「我的太太，又在說謊，是個感情騙子！」

「怎麼回事？」同事問道。

「昨天整晚，她又沒回家，說是和妹妹住在一起！」老王氣呼呼的說明原因。

「這也沒什麼大不了的事啊！」同事加以勸慰。

「問題是這根本不可能，因為，她惟一的妹妹，整晚是和我住在一起啊！」老王說。

天下無憨人，豈可睜眼說瞎；世上皆明眼，何必故意編謊；至誠莫如無愧作，真愛最是不欺瞞；謊言在老王夫妻之間，已溝成一道深深的鴻溝，更糟的是，欺騙人在欺人騙，說謊人在說人謊；謊言宛如強力的毒劑，早已快速的把他們的感情腐蝕光光，殊不可取，足堪殷鑑。

說謊是惡德，欺人乃所以自欺；罪大惡極的謊騙是瞞哄自已；說謊的懲罰，不在別人的不相信他，而是他永遠不相信別人；謊話起初以假亂真，最後真也變假；真實於內者，必外無所求；飾美於外者，必中無所有；你若欺騙本心，本心必復你之仇；說謊常愈說愈扯，圓謊多愈描愈黑；說了一次謊，就要用無數次的謊來圓謊；欺騙他人最大的危險，便是到最後也會欺騙自已；說謊真是懦夫行徑的標誌。

粗俗的真話，勝過文飾的謊言；毋毀眾人之名，以成一已之偽；毋役天下之理，以護一已之短；以實相見，心心相印；以偽論交，格格不入；暗室雖無人，自身見自身；與其掩飾說謊，不若魯莽直言；傳家有道惟存原，處世無奇但率真；魔鬼的謊言，讓你看不見身後的天使；如你能夠使自已成為一個誠實的人，你可確定這世上已少了個虛偽的人；謊話像霧，大話像雷，空話像雲，只有真話那才是滴滴春雨。

愛的根本是情要真，誠的首要是言不妄；勸君莫說一句謊，若說一句謊，人緣不會廣；勸君莫作半點假，若作半點假，交際必定垮；的確，心是一桿秤，秤人先秤已；情是一把尺，量人先量已；要以心交心，才配真心；要以情待情，才得真情；是的，你必須對自已具備真誠實在的心與情，自然對別人才不致發生欺騙說謊的言與事。

兩位心在動

有一個禪師，因緣成熟，開始行腳各處，默默弘法。

有一天途經一座寺廟前，碰到兩個出家人，對著一面幡旗，面紅耳赤，爭論不休，他上前一問，才知道在爭論幡旗所以會動的原因。

其中一位嚷著：「如果沒有風，幡子怎麼會動呢？所以說風在動！」。

另一位也是振振有詞，說：

「沒有幡子在動，又怎知風在吹動呢？所以應該說幡子在動！」。

兩人各執一詞，互不稍讓，這位禪師聽了後，就對兩人說：

「我來做個公正的裁判，其實，不是風在動，也不是幡子在動，而是兩位的心在動啊！」。

心迷法華轉，心悟轉法華；相隨心生，境由心造；這則公案生動的詮釋：禪門對外境的觀點，完全是反求自心，見諸本性；菩提本無樹，明鏡亦非台，本來無一物，何處惹塵埃；風動也好，幡動也罷，都是見境轉心，起心動念的結果。

人者，天地萬物之心，心者，天地萬物之主；宇宙間最偉大的是人，人體內最偉大的是心；人心，一身之主，有如樹之根，亦如果之蒂，根衰則樹枯，蒂壞則果落；心易搖而難定，心易昏而難明；捉山中之賊易，擒心中之賊難；心平則氣順，心亂則事紛，心態失衡，萬事偏執；人往往被心而非被腦指揮；深窺自已的心，就會發現一切奇蹟都在這裡。

萬法惟一心，推動船的，不是高大的帆，而是無形的風；心較刀強而有力；心又不動，風又奈何；你若不傷，歲月何恙；弱者，其心先弱，強者，其心必強；心要常操，愈操愈明，心要常用，愈用愈靈；非遣其欲心不淨，必澄其心神自清；心淨不妄趨，神清不妄移；修道以無我為基，修心以淨心為要；大事心不畏，小事心不慢，有事心不亂，無事心不空；群居閒口，獨坐防心；靜時養心，坐時守心，行時驗心；心靜才能聽到萬物的聲音，心清才能看到萬物的本質；世上最美好的事物摸不著看不見，只有用心才能感受。

樹修去繁技，賞心悅目；心修去煩憂，安然自在；心寬無憂，心淨無慮；智者求心不求物，愚者求物不求心；智者轉心不轉境，愚者轉境不轉心；清心好自在，自在步紅塵；修持乎方寸中，從容乎作為上；我們能清楚地主宰自已的心態，就能悟出生活的價值；我們能歡愉地當自已的主人，就能活出生命的意義。

只有我沒表示意見

有四位習禪的學者，非常要好，決定要好好定下心來打坐，為了避免打岔，四人約定誓守不語戒七天。

頭一天的白天，他們都靜坐不語，因此坐禪的效果非常好，但到了夜晚，油燈忽明忽暗，眼看就要熄了，他們之中的一位，禁不住向外面的沙彌，叫道：

「喂，請添些燈油！」

另一位學者聽了不以為然，說：

「我們應該一言不發才對，不是約好不說話嗎？」

第三位學者見狀，對著這一位說：

「你也真蠢，為什麼要開口！」

這時，第四位學者興奮的邊笑邊說：

「還好，只有我沒有表示意見。」

心不外馳何勞靜坐，氣不外浮何用守默；讀書時心淨方能入深，修身時念純方能入道；四人相誓緘口，旋又相繼開口，起初相守持戒，終了相互破戒，令人莞薾之餘，不免感嘆：心浮氣躁，如何辨事？心猿意馬，如何成事？

心以收斂而細，氣以收斂而靜；躁於心者其動妄，蕩於心者其性浮，忽於心者其志靡；心無旁騖，定而後能安，心無二用，靜而後能得；心定則氣定，氣定則事圓；內為專靜純一，外則氣定神閒；無專心無以致其志，不寡慾焉能養其德；定力真是心智的防腐劑。

當大事，要定下心，要沉住氣；濃艷場中看安詳，紛紜境上見鎮定；澄心靜慮，省身可密，志凝神定，見理可明；千煩百擾，此心要不亂，千擾百逆，此氣要不動；寧可慢些，不要太急而誤事，寧可笨些，不要太巧而敗事；把意志沉潛得下，何事不可為？把浮躁收拾得住，何理不可得？心定者，其言重於舒，氣躁者，其行輕於疾；言不冒失見穩重，身有誤動難從容；以心為主，以氣為帥，則此心不亂，而此志益堅。

人知滌其器，莫知洗其心；輕浮兩字，最是害事；心定自然淨，氣平自然穩；成事要耐得住寂寞，做人須經得住風雨；在是非窩裏，人用口，我們何不就耳，於熱鬧場中，人衝前，我們何妨稍後；心不妄念，氣不妄浮，口不妄語，身不妄動；專注與從容，永遠都是通往成功的不二法門。

也許還有希望

有二個商人結伴到深山一處礦坑採集礦石，他們辛苦了多年，毫無收獲，其中一位，極度沮喪，拿著手上的石頭，向同伴埋怨：

「我要放棄了！再找也沒用，你看這石頭，是我檢的第九千九百九十九塊，但就是沒出現一塊鑽石！」

同伴擦了滿頭的汗，說道：

「不要放棄，堅持到底，也許還有希望，你就湊個一萬塊好了！」

「好吧，繼續檢，這就一萬塊了！」他說著，俯身再檢了一塊，但是，這個不起眼的石頭，經過一陣敲打後，仔細一看，忍不住大叫：

「天啊！真是一塊鑽石！」

灰心是動搖的開端，動搖是失敗的前奏；絕望使人停滯，失望使人怯顧，希望使人前進；這顆鑽石的發現，與其說是在無意中出現，毋寧稱之在希望中實現；希望是永不會拋棄任何仰賴它的人。

希望是清醒人之夢，是夜雨之後所顯現的朝霞；即是心智的燈塔，更是意志的南針；希望是為痛苦所吹奏的音樂，也是為悲戚所特製的靈膏；希望者，思考之父也，由於它的存在，所以成為貧者的財產和學者的智慧；由於它的指引，所以產生工人的耐心和戰士的勇氣；希望就像一首激昂優美的進行曲，令人振奮；懷有希望，便有將來；希望在任何地方都是一種支撐生命的安定力量。

無希望即無熱心；希望是繁榮之始，也是目標之初；希望不存，目標何在？希望不是慾望，希望比佔有更為長久；沒有希望的地方，就沒有奮鬥的毅力；欲成大事者，必先蓄有遠大的希望；懷憧憬垂釣，勝過魚兒上鈎；人無希望便無作為；人無方向便難堅持；惟無行動，不足以希望；若僅憑希望而過活，必終將在絕望中死去。

弱者互為困難而放棄希望，強者永存希望以放變困難；未來是無限，希望是無窮，放棄希望就是犧牲未來，保有希望才能揚帆遠航；與其仰望別人的輝煌，不如編織自已的願景；鑿石方為玉，去沙始見金，青雲原有路，只怕不堅心；我們可能曾經有過絕望，也許經常有些失望，但是，我們不能不強調就是要永存希望。

在世間做什麼事

據說：豬和狐狸以及狗這三個動物，死後在陰間遭審判，閻王首先問這頭豬，說：「你在世間做些什麼事？」

「大王，我整天吃了就睡，無所事事！」

閻王判定：「好吃懶做，押送油鍋。」

接著，又問狐狸說：「你在世間是做些什麼事？」

狐狸不敢不老實回答，說：「我是專門替人出壞主意！」

「哼！傷天害理，更要押送油鍋。」

最後，閻王就問狗，說：「那你在世間又做了些什麼事？」

「幫人看門！」閻王也宣判，說：「仍然押送油鍋。」

狗一聽頗為不服，說：「大王，我不懶，也不壞，幫人看門，有功無過，怎麼也要下油鍋？」

閻王說：「我是怪你，見到有吃有喝有好處送上門時，搖尾示好，見到老弱婦孺或寒酸的人路過，就汪汪窮叫！」

每見富貴逢迎，可見勢利；凡是寒賤峻拒，即是現實；有錢即是爺，有奶便是娘；這則寓言，極具諷諠，勢利的人，所表現出來的就是不同的嘴臉，的確叫人不設恭維。

勢利是圍著光暈的偏差行為；狗跟屁走，人跟勢走；雪仗風勢，狗仗人勢；風大隨風，雨大隨雨；見人說人話，見鬼話鬼話；牆頭草風吹兩邊倒；勢利總是躲在高尚思想的背後；勢利的心是不會有堅實的腿；蟲吃青草銹吃鐵，勢利的人總是在吞噬著靈魂。

以財交者，財盡則交斷，以色合者，色衰而愛渝；以勢交者，勢傾則絕；以利合者，利盡則散；勢在群蟻聚膻，利去飽鷹揚漠；恃才者凌，凌必敗；恃勢者驕，驕必戕；勿逞所長，以形人之短；勿恃所有，以凌人之貧；君子喻於義，小人喻於利；勢利紛華，不近者潔，近之對而不染尤潔；智謀機巧，不知者為高，知之而不用尤高；多一份情義，自然就少一點勢利。

趨炎附勢之禍，甚慘亦甚速；棲恬守逸之時，最淡亦最長；謝事當謝正盛時，居身宜居獨後地；我們面對勢利，要知道：看透才能保持灑脫，看穿才會免除得失；我們處理勢利，要做到：澹泊才能足具洞察，放下才會沒有是非；不去羨慕，一身輕鬆，不用比較，滿心歡喜；誠然，人世間一切都會變化，現實中一切都會過去，沒有永遠的勢，也無不變的利。

他的手語是怎麼說

一個黑社會角頭帶著律師，向曾經保管過他錢財的會計查詢，並追討當初從他那裡偷去的五百萬元下落。

「你到底藏在那裡？快說！」

會計始終沒有出聲，律師赫然發現這人已經聾了，於是向角頭建議，由自已來傳話，並以手語再問會計，錢在何處，會計仍然以手語答覆不知道。

角頭一看情形棘手，暴怒異常，立即拔槍對著會計腦袋，然後，告訴律師，說：

「最後問他一次，我的錢在那裡，不說，斃了！」

「我說！我說！」會計非常害怕，趕快用手語比劃：「請不要開槍，錢藏在我家後院的地窖。」

角頭不耐煩的問律師，說：「他的手語是怎麼說？」

「他說，你一定不敢開槍！」律師回答。

明是一盆火，暗是一把刀；不怕虎狼當面坐，只怕人前兩面刀；狡詐的律師借刀殺人，其心陰險，其行狠毒，任誰都難表認同，狡詐的人只配跟著魔鬼做朋友。

狡詐是罪惡披著美德外衣的劣行；蛇行無聲，奸詐無影；大奸似忠，大詐似信；畫虎畫皮難畫骨，知人知面不知心；易漲易滾山溪水，易反易覆小人心；狡詐之徒，雖至親亦作威福；奸邪之輩，即平時亦起風波；狡詐是那種自認公正者，替自已的私利或天性所尋找的藉口；行惡的，留心記奸詐之言；說謊的，側耳聽邪惡之語；狡詐就是一種邪惡的聰明。

玩火者，必自焚，耍詐者，終不久；世風狡詐多端，到底忠厚人顛撲不破；人間繁華相尚，還是老實人情義彌長；風前莫作牆頭草，雪裡要學山上松；赤誠待人，勿作奸滑是為真；正直居心，勿設機關方為智；害人之心不可有，防人之心不可無；謹守口的，得保生命；大張嘴的，必致敗亡；口吐真言，永遠堅立，口說詐語，只存片刻；跟魔鬼共餐，那是要用長湯匙的。

兄弟相互狡詐，受害的是父母；夫妻相互狡詐，受害者是家庭；同事相互狡詐，受害者是主管；人人相互狡詐，受害者是自已；心存狡詐，必為成功的流沙；意懷奸邪，終是無能的表徵；守著最初的純真，心若乾淨，人無戒心；挺住最後的良知，情是真實，誰都安心；誠信是一股清流，可以洗去欺詐的骯髒；真實是一陣和風，才能軟化奸邪的惡劣；避免爾虞我詐的最好辦法，還在推心置腹與開誠佈公。

非本餐廳供應之食品

一個長相非常漂亮的少婦，作風直率，從不考慮形象，也不在乎別人的看法，即使在公眾場合給孩子餵哺母乳，她也毫不忸怩。

有次，抱著四個月大的孩子上飯店用餐，孩子肚子餓哭鬧了起來，她打開鈕釦，掀起上衣，當場開始餵乳。

飯店經理一看，頗為尬尷，客氣地走向少婦，委婉地盼其稍作掩飾，果然，未出所料，少婦大為光火，咆哮的說：

「你輕視女性，難道你認為餵哺母乳，是淫褻不雅，有礙觀瞻嗎？」

「不是！」經理禮貌的指著牆上的告示，說：「不過，這裡的確是禁止食用非本餐廳供應之食品！」

飲食要作出個人所愛，服儀要穿出社會所好；相貌是天生的，儀態是後天的；容貌，表現出一張臉；儀態，顯示出一個人；審度一個人的內涵與素養，儀態是比相貌還有可靠的價值；儀態真是人與人見面的第一印象；這個笑話，殊值玩味。

儀態是一個人氣質的告白，也是生活的一種方式；每個人的舉止，宛如一本活動的自傳；每個人的氣度，也是自身品質的說明；高雅的儀態乃良好意識的花朵；美中之最美是為美的儀態；儀態確為最好的服飾；相貌之美，高於色澤之美；儀態之美，又高於相貌之美；良好的儀態，往往就會造就一個人；儀態真是一個人的門面。

優雅的儀態是抗老的秘訣；優雅的儀態，猶如判斷力之於智慧；人的面部表情舉止和態度，展示了人的心靈和感情；許多些微的犧牲，構成了高貴的儀態；儀態掩飾了人的瑕疵，也解釋了人的言詞；坐要正，使直其身；行要端，使正其心；坐下腰不彎，立起要挺胸；帽戴正，衣穿好，勤理髮，常洗澡；衣冠整，容貌必端；步履正，視聽必端；目不邪視，腳不亂抖；出言貴審慎，則無紕漏；行事貴端莊，則不輕佻；三分人才，七分打扮；三分姿色，七分儀態；俏麗若三春之桃，清素如九月之菊；眉梢眼角藏秀氣，聲音笑容露溫柔；擦亮的黃銅，比黃金眩目；整潔的服儀，勝過一流的介紹函；紳士與淑女，是從不在無意間粗魯與放蕩的。

有個性的人，言行惹人注意；有修養的人，注意自已言行；輕佻叫人看輕，穩重使人敬愛；我們若要有魅力的嘴唇，要用友善來說話；我們若要有可愛的眼神，要用欣賞看別人；我們若要有健康的身材，就要與勤勞作伴；我們若要有優雅的儀態，那就要和智慧同行；牛排所賣的，不是那塊肉，而是那誘人的香熟；優雅的儀態真是唯一不會褪色的美。

嚇死我了

一個視線不清的夜晚，有個人頂著一把傘，神色驚慌的衝進派出所，上氣不接下氣，全身仍在顫抖。

「怎麼回事？」警員關心的問。

他斷斷續續的表示，剛才過橋的時候，有個黑影慢慢靠了過來，一起共傘遮雨，他用眼角餘光看到，影子好像沒有腳，當時嚇壞了，下意識地推開就跑。

「真是碰到鬼了，嚇死我！」他說完，餘悸猶存。

就在這時，又有一個單腿但撐著拐仗的人，也是張張皇皇，跌跌倒倒的跑進派出所，緊張的高聲嚷道：

「我碰到鬼！我碰到鬼！莫明其妙的被推到河裡，我都不知道，嚇死我了⋯⋯」

色不迷人人自迷，酒不醉人人自醉；人唬人，唬掉魂；人嚇人，嚇死人；這個鬧劇，證實鬼不存在，只是自已的心理在作祟；雖然恐懼是人的天性，但是如何面對與克服，值得探討。

恐懼是心智的薄弱；恐懼者心盲；恐懼大都出於錯誤的判斷；恐懼大都因為無知和不確定而產生；恐懼來自想像而來的心理障礙；心中的恐懼遠勝於真正的危險；畏懼可以叫人害怕，但是無法叫人怯服；人心一旦顫驚，魔鬼即加利用；由於自已感到恐懼，我們自然就會低頭；恐懼乃是粉粹人性的可怕敵人。

明者無懼，實者無恐；知識是治療恐懼之有效藥方，智慧也是驅除恐懼的最好武器；壞人因報應而恐佈，好人因尊重而敬畏；充分的準備，可以消除恐懼；要做最壞的打算，就不怕恐懼來襲；太過於注意危險的人，反而易使自已陷入危險；弱者在危險前害怕，孬種在危險中害怕，好漢在危險後害怕；唯勇者始敢單獨面對自已，唯智者才能與自已為伴；不怕發生什麼事，要擔心的是如何面對；為了危險而危險，是毫無意義的危險；事前恐懼謂之畏，畏可免禍；事後恐懼謂之悔，悔可改過；無所期待，無所恐懼；害怕被征服的人，必定失敗；克服恐懼，才能獲得真正的自由，

識定者，權衡有度，膽定者，雷霆不驚；腳正不怕鞋歪，身正不怕影斜，心正不怕雷打，人正不怕言讒；生平不做虧心事，半夜不怕鬼敲門；恐懼會讓我們淪為囚犯，希望則讓我們重獲自由；誰把恐懼置之腦後，他就是強者，誰把希望放在眼前，他就是智者；生命沒賦于我的，我無法製造；歲月傾注於我的，我無法躲避；但是，現在讓我畏懼的，那就要必須挑戰；如果我們背後有陽光，就不怕面前有陰影；如果我們本身有正氣，就無懼身外有鬼魅；我們唯一的畏懼，當還是在自已本身。

你是怎麼知道

有個江湖相士遭人檢舉，縣官憐才，要求判斷身邊三個女人，誰是其夫人，倘若正確，赦其無罪，否則懲罰，相士對衣飾髮型年齡幾乎一致，且同樣面無表情的三人，打量一眼後，說道：

「這樣簡單的事，我徒弟都能辨得到！」

徒弟應其要求出列，左看看右看看，瞧了半天，仍然一頭霧水，滿臉困惑的對相士說：

「師父，您沒教過我啊！」

相士火大，一巴掌拍在徒弟腦袋上，同時順手一指：

「哪！這位就是夫人，知不知道？」

果然就是，縣官嘆服當庭釋放，歸途，徒弟輕聲問道：

「師父，您是怎麼知道的？」

相士說：「還不簡單，打你一巴掌時，瞧你愣頭愣腦的德行，有兩個女的忍不住掩口偷笑，只有左邊那位正襟危坐，未見動容，不是她！是誰？」

見微知著明跡象，察言觀色見端倪；雖然夫人未顯動容，但是場面已出現動態，機警的相士，能見機行事且當機立斷，總算脫離了眼前的危機，這一切都是一個機字在主導，機會真是注意力的產物。

機者乃事物初動之象，機者是上天匿名的傑作；愚者闇於成事，智者見於未萌；處事有疑非明者，臨事不決非能者；機會多失於躊躇，際遇常敗在猶豫；當斷不斷，反受其亂；弱者坐失良機，能者運用良機，強者創造良機；聰明人所造成的機會，經常是多於他所碰到的機會，那留心小事的，便是天才。

怠小事者，必失大事；事不見機，必至取辱；處事要得其理，決事要乘其機；聰者順時而謀，愚者逆時而動；明者因時而變，強者隨事而制，智者隨機而動；可為而不願為者，願為時將不可為；沒有機會，那是意志薄弱的遁詞；沒有決策遠比任何決策還要糟糕；世上沒一件事是隨便發生，成敗往往決定在抉擇的那一刻。

看風的，準備播種；望雲的，著手收成；乘著順風，就該扯蓬；瞧著漲潮，就快開船；不必埋怨風雨無情，不必苛責冷暖無常，日出日落，我們曾經啟發了些什麼？人來人往，我們曾經領悟了些什麼？是的，機不可失，時不再來，當機立斷，斷而立決，決而立行。

也拿東西回來

張老太太拎著菜籃逛市場，巧遇王老太太，多日不見，難免寒暄一陣，聊著聊著，彼此又談及家庭。

張老太太說：「我那媳婦什麼都好，人又賢慧又孝順，就是經常會從婆家拿東西回娘家，真叫人生氣！」

王老太太說：「那還了得，多大的家底，也禁不住有內賊！小心她淘空了妳的！」

「幸好！」張老太太噓了一口氣，重展笑顏的說：

「我女兒也常從她婆家，拿東西回來孝敬我！」

仁者不私，私者不仁；自私者見利不見義，自利者知已不知人；萬惡皆由私字起，千好都從公字來；這個笑話，叫人好氣又好笑，人性的自私，充分反映在這位老太太身上，自私自利的人，的確是有不光明的目的。

自私是禁閉靈魂的監獄；無愛多從自私來，不和常由自利生；自私者，自己的東西當寶，別人的東西當草；自私者，它的心田裡，栽不出同情的花朵；講求私利者，所有的美德將盡付東流；事涉一個私字，便不會順；人犯一個偏字，便不會公；沒有一個英雄會由自私誕生；最可惡的人，一切行動都是以自我為中心。

天無私覆，地無私載；無私者公，無我者明；見小利不能立大功，存私心不能謀公事；毋私小惠而傷大體，毋任已意以快私情；惟不自私，乃當於理；惟不自利，可得其平；損人利已不可為，捨已為人應該做；不為他人著想，自已也將遭遇排斥；穿着私字鞋，走不了公字路；老在考慮自已的人，往往對自已也是茫然無知的。

勸君莫著一毫私，若著一毫私，終無人不知；勸君莫用半點術，若用半點術，終無人不識；因惟有不生，反而才能長其生；也惟有不私，反而才能成其私；更因為不有，反而才能廣其有；如果，一個人的視野能夠開闊點，發展就不會侷限眼前一畝地；一個人的心胸能夠寬大些，成就就不再計較目前三分利；人在做，天在看；畢竟，徇已之私，必招尤；盡我之有，才獲益。

算你最偉大

有天蛇頭和蛇尾發生口角，原因是誰在身體裡最偉大，蛇頭認為自已最有份量，蛇尾很不高興，認為自已才是最重要，兩造爭執不休。

「你不配，我有耳朵能聽聲音，有眼睛可看東西，有嘴巴能吃食物，走的時候也在前面，所以嘛！我才是最重要！」蛇頭氣呼呼的強調。

蛇尾也不服氣的說：「我讓你走前面，你才能走，要是我不願意，嘿嘿！」說著，就用尾巴往樹上繞了三圈，三天都沒放鬆。

蛇頭餓了三天，只好認輸，哀求說：

「老兄，算你最偉大，行了吧！拜托放開尊尾！」

蛇尾很神氣，終於爭得勝利，於是得意洋洋，翹起尾巴領先前進，蛇頭也不敢造次，可是，蛇尾沒走幾公尺，因看不清東南西北，整個蛇身統統掉到深淵下粉身碎骨了。

即在同舟，理當一命，即是一體，何須軋擠；組織就是配合，團結就是力量；蛇頭與蛇尾，各以為是，互不相讓，終至落得玉石俱焚，兩敗俱亡的下場，當在意料中矣！

單則易折，眾則難摧；獨思則滯而不通，獨處則困而不就；獨樹難以成林，獨木難撐大廈；用一根手指，是切不好麵包；一人一把號，各吹各的調，說明了英雄主意的可議；各人自掃門前雪，不管他人瓦上霜，顯示了本位主義的可怕；一個和尚挑水吃，兩個和尚沒水喝，強調分離主義的可惡；覆巢之下無完卵，皮之不存毛將焉附；今天世界的問題，不在人口的膨脹，而在彼此的分歧。

天下事成於同敗於異，成於一敗於二三；師克在和不在眾，戰力在實不在大；眾擎易舉，眾志成城；人多山倒，力眾海移；拳頭打人比巴掌有力；眾之所助，雖弱必強；眾之所去，雖大必亡；協同始一致，和衷始共濟；分工益見精細，合作益形周密；雁怕離群，人怕掉隊；一人一隻手，做事沒幫手；十人十雙手，抱著大山走；效率最高與最好的形式，就協調合作。

動人的樂章，來自均衡與和諧；精彩的球賽，由於配合與默契；獨腳難行，孤掌難鳴；全部成功，我亦有榮，大家失敗，我何獨外；如能成功自已，固然可喜！但能成就別人，更顯偉大；畢竟，一枝獨秀聞不香，百花齊放滿氛芳。

我眞衰啊

有個滿臉倦容，神情落泊的瘦弱男子，在酒館裡坐了有兩小時，一直呆望著手中那杯酒，突然，來了一個粗魯的彪形大漢，坐在他身邊，一把搶了那杯酒喝光，他看到這個舉動，不禁大哭起來。

「喂！老兄！別這麼小氣，我跟你開個玩笑而已，這酒雖然不錯，但我賠一杯，可以吧！」大漢笑著賠禮。

「我傷心的，倒不是為了這杯酒！」他一面啜泣，一面斷斷續續的說：「我今天真是倒楣透了，樣樣不如意，只因遲了一下到公司，竟然被老闆開除，離開公司後取車子，又發覺車子被偷，只好走了十幾公里路回家，哪知回到家家裡，卻看見老婆和一個熟識多年的男人在鬼混，一氣之下，跑到這裡，剛想一了百了算了，誰知道，你突然又搶了我這杯毒酒去喝，我真衰啊⋯⋯。」

不如意事常八九，可與人言無二三；看破世事驚破膽，識透人情冷透心；失意人逢失意事，新啼傷開舊啼痕；這則故事，雖為笑料，意在弦外；人的一生，何嘗沒有一些難以逆料的不幸？

何嘗沒有一些難以忘懷的失意，重要的是，如何面對以及怎樣處理！

不幸是天才的晉身之階，是信徒的洗禮之水，是英雄的無價之寶；人的失意，常成為他的最高學問；一生得意，難成智者；一世飽暖，難成勇者；一輩順遂，難成仁者；耐雪梅花麗，經霜楓葉丹；美譽每自挫折生，德業恆由失意來；如果錯過了太陽而流淚，那麼也將因此錯過群星；能忍受葉落枝禿的醜陋，才會有芽新翠綠的美麗。

事不如意，應之以謹；人不如意，對之以默；拂心事來，處之以淡，方不為拂心所苦；失意事來，治之以忍，方不為失意所惑；世路風霜，吾人修心之境；人情冷暖，吾人忍性之地；悲傷憂愁不如握緊拳頭；對失意人莫談得意事，處得意日莫忘失意時；天上下雨地上滑，自己跌倒自已爬；不管活得多受罪，自已萬事要面對；人生一世向前衝，摔倒爬起笑到終；無所謂失去，那只是經過而已；無所謂失敗，那只是經歷而已；失意並不苦澀，只要你不吞下它；人在最沉痛的試煉中，往往最能得到真實的啟示。

莫道自身樂事少，應知世上苦人多，沒有嚐過冷暖的人，不會知道人生的悲歡；沒有經歷風雨的人，不會了解生活的陰晴；為求稱心而進取，固值重視；不因失意而潦倒，那才重要；把彎路走直了那是聰明，我們找到了捷徑；把直路走彎了那是豁達，我們多看了風景；與其抱怨，不如改變；若有失落，反要快樂；晴時讚揚，雨來欣賞；只要觀念不打結，問題總得解決；今日的失意，也許就是明天的勝利；人生那有筆直的路！

我也會說

李小姐在巴黎修讀法國文學，返鄉時親友歡聚一堂，大家都知道，法文非常難學，她能在短短兩年，就將法文說得如此流利，實在不簡單，她成了所有親友欽羨和祝福的焦點人物。

突然，她那七歲大，一向驕縱的姪女，在旁飽受冷落之餘，也開口說：

「我和阿姨一樣的聰明，我也會說！」

大家都很驚訝，所有的目光都注視著她，十分好奇的說：

「真的嗎？那妳說說看！」

只見她從容不迫，乾咳兩聲後，字正腔圓的說：

「法文！」

自是者無功，自大者不長；不看不比，沾沾自喜；一看一比，相差萬里；這個笑話，寓義明顯；鼓空則聲高，人驕則話大；一個人最大的不是，往往就是自以為是。

自道好，爛稻草；別人誇，草變花；壞的車輪聲音最響，喧囂的鼓破得最快；在盲人之國，獨眼龍稱王；老愛欣賞自己腳印的人，只會在原地繞圈子；公雞也總是在自己的糞堆上稱雄；自以為是者，根本不會有信服的時候；自以為是者，只愛自己不愛真理；自以為是者，幾乎都有強烈支持自己見解的足夠理由；最會拍自己馬屁的人，就是自負。

不懂裝懂，永世飯桶；竹子再高，肚子空空；乖僻自是，悔悟必多；自負使人無知，無知叫人自負；給自己歌功頌德，聽眾只有他一人；好說己長便是短，自知己短才是長；要向別人傳道，先要自己懂經；智者還知道自己的愚昧，愚者卻以為什麼都懂；小慧者不可以御大，小辯者不可說眾；勞謙虛己，則附之者眾；驕倨自大，則去之者疾；真正的偉大，總會認清自己的渺小；最惹人討厭的，就是自己以為是的人。

明莫大乎自見，聰莫大乎自聞；知人者智，自知者明；甘受人欺，定非懦弱，自謂予智，終是糊塗；我們可以自信，但絕不能自負；我們可以自重，但絕不能自大；我們雖不要看不起自己，但更不要太看得起自己，自卑時可以想想前者，自傲時就要看看後者；自滿者，人損之；自謙者，人益之；最不瞭解自己的人，才會認為自己最了不起。

這是什麼玩意

有天，地獄舉辨年終清倉大拍賣，魔鬼撒旦將所有足以危害人類身心的東西，一一標價陳列，親自大肆推銷，這些東西有惡毒，猜忌，仇恨，奸詐等等，標名醒目，包裝精美，令人心動，唯在角落邊有個陳舊不堪的黑罐，只要蓋子一打開，就有一股無形的力量撲來，叫人感到異常沉重，雖然貨品不起眼，但標價卻是最高。

「這是什麼玩意？」有人好奇的問。

撒旦解釋說：「有人說它是焦慮，有人也稱之為急躁，一般人則說是壓力！」

「奇怪，標價怎麼是最貴？」

「因為它無色無味，效果又好，早晚使用會出現失眠，暴怒，高血壓，心臟病等，甚至丟掉性命，真是極品！」

「看起來還是個是舊貨嘛！」

「那當然，曾經有太多的人用過，尤其是現代上班族！」撒旦得意的說。

汲汲者必生躁心，訖訖者必多壓力；弓太緊則斷，水太滿則溢；壓力在目前講求速度與效率的社會中普遍存在，對人們的身心，確具嚴重的傷害，若謂是為健康之無形殺手，毫不為過。

壓力乃靈魂的夢魘；壓力者，煩惱之源，躁鬱之根；壓力是測驗耐度的量尺；壓力也是心靈失控的前兆；壓力還是想甩又甩不掉的負荷；壓力更是困難來臨前預付的利息；等待問題發展時的焦慮不安，確實是比等待時間更難應付。

最好的抗壓是自已不要給自已施壓；擔心不如放心，揪心不如開心；窮雖不可遣，但遣此窮愁，心則常安適；熱固不可除，唯除此熱惱，身則常清涼；打鐵還得自身硬，承壓仍賴本質堅；心態健全能釋壓，心情輕鬆即舒懷；逃避壓力未若面對現實；拒絕壓力未若心存達觀；搬不走大山，那就移動自已；無法改變風向，那就調整位置；放鬆心情與集中精神是一樣重要；若要撥開頭上路，須先推開門前牆；使我痛苦者，必使我更強；稱鉈雖小壓千斤，蜜蜂雖小採花心；壓力多深，就決定了一個人多偉大；凡經壓力，你會覺得成功就在逃避或放棄的背後。

沒有過不去的坎，沒有轉不過的彎；遇事不可過擾，聽其自來；既事不可留住，任其自去；大道也有曲徑，小路也有泥濘，坦途也有起伏，直道更有波折；我們的歲月儘管多雲多雨，該做就做，該吃就吃；我們的生活難免有風有浪，該忙就忙，該睡就睡；路再遙遠必須自已走，事再艱困必須自已做，苦再難扛也要自已背；只有：面對它，接受它，理解它，放下它，壓力不是重力，壓力才是動力。

蠟燭已經熄了

一位盲者拜訪了朋友，辭別時因天色已暗，向朋友要了一隻燈籠照路。

「你好像不需要燈籠吧！」朋友客氣的指出：「無論明暗，對你不都一樣？我倒願你拿著拐杖，注意路上的石頭，以免絆倒。」

「不，我要燈籠，如果不帶的話，別人就會撞到我，那才危險！」他很堅持。

於是，他提著燈籠回去，可是沒走多遠，卻被來人撞個正著。

「看你走到那裡去了？」他對來人咆哮：「難道你沒看見這盞明亮的燈籠？」

「老兄！燈籠蠟燭已經熄了，你知不知道！」那人說。

偏頗叫人高估自己，成見讓人低估對方，固執使人錯估一切；故事中的燈籠隱喻成見，燭光象徵真理，這位盲者的意外，錯不在失明，而是固執；對一個偏頗的人而言，其前途之波折與坎坷，誠可想像。

偏則不全，執則不靈；不正常的型態大多始於偏見，不協調的意象泰半來自固執；前者是人我之際最深的鴻溝，後者是物己之間最大的障礙；沒有主見的人，很難與之配合；具有偏見的人，更難與之溝通；固執之言，甚於謊言，固執之行，惡於愚行；執拗的人，並不是擁有意見，而是竟見擁有他；上天要人變性，首先是使之偏頗；成見真會動輒封閉了智慧之門。

無固則大，無我則久；執中兩得，偏一兩傾；短不可護，護則終短；長不可矜，矜則不長；見樹不見林，愚；知偏不知全，固；要因事對人，勿因人對事；應就事論事，不就人取事；毋因群疑而阻獨見，毋任已意而廢人言；固執已見，容易以偏蓋全；剛愎自用，容易因小失大；偏信則暗，兼聽則明；事事妄下定論，智慧便無立足之地；當局者迷，旁觀者清；客觀才是智慧最忠實的保鏢。

執拗者自用，頑固者自是；不自用則廣益，不自是則博聞；我們治事處世的工夫，是需要：如切，如磋，如琢，如磨；我們修已待人的態度，則更要：毋意，毋固，毋必，毋我；不偏，靈魂才會透明；不拗，心境才會開朗，不執，胸懷才會擁有，不愎，思想才會清楚；偏執真是無知之玩童。

這裡是燈塔

一艘演習戰艦，在陰沉的天候中航行，濃厚的霧氣使得能見度降低，艦長親自守在艦艙指揮，入夜不久，瞭望員報告右舷方發現有燈光，光線正向我逼近，這表示對方會撞上我艦，後果不堪設想。

艦長命令信號手，通知對方：「我們正迎面駛來，他要轉向二十度。」

對方答：「建議貴艦轉向二十度。」

艦長下令：「告訴他，我是艦長，他要轉二十度。」

對方仍說：「我是二等水手，但貴艦仍要轉二十度。」

艦長勃然大怒，大叫：「告訴他，這是拉法葉戰艦，火力強大，他一定要轉向才行。」

但是，對方信號傳來：「這裡是燈塔！」

結果，戰艦改航。

上對下和，使人心悅；下對上恭，使人心慰；乖張蠻橫的艦長，盛氣凌人，仗勢欺人，毀了自己給人的形象，壞了別人對他的印象；傲慢真是世上最大的無知。

天欲其亡，必先其狂；驕則滿，滿則傾；驕則易怒，傲則絕物；傲上則無援，傲下則眾離；傲朋則譽削，傲親則情冷；嚴肅頂多使人心畏，傲慢則使人懷恨；好笑的是，倨傲的人竟也憎恨別人的倨傲；傲慢真是一種得不到支持的尊嚴。

傲不可長，志不可滿；可以有傲骨，不可有傲態；可以有傲血，不可有傲氣；敗壞之先，人心驕傲；尊嚴之前，必有謙卑；善氣迎人如春風，惡氣待人似秋霜；存一份謙和，獲十分益處；含半分驕矜，招無窮害處；不以所長慢人，不以所能傲人；以才自是，小人所忌；以能自矜，君子所薄；屈已者，能處眾；好勝者，必遇敵；對上司謙恭是本份，對平輩謙和是友善，對下級謙遜是修養，對所有人謙虛就是安全。

謙虛何曾致禍，平和怎會招災；自謙則人愈服，自傲則人必惡；上不一定久，下不一定常；尊不一定貴，卑不一定低；所以，我們待人接物豈可亂擺架子？我們為人處世豈能徒爭面子？誠然，對別人的臉色要多作包容，對自已的臉色要常帶笑容；目中有人才有路，心中有愛才有度；謙虛才是對自已最正確的評估。

要這扁擔幹什麼

有個中年男子在碼頭作苦力討活，靠著一根扁擔，幫人扛運貨物，雖然辛苦，但月入尚可，足夠溫飽，意外的，有天買了張彩券，竟中了大獎，為了怕遺失，想來想去，乾脆藏在經常不離手的扁擔夾縫中，以防萬一。

「你可用這筆獎金，錢滾錢，當老闆！」有人建議。

「有了錢，何必還要過現在這種日子！」也有人說。

翌日，他決定辭職，在提款的路上，滿腦袋都在想，決定不再做苦工，決定不再混碼頭，決定不再……

「對！還要這扁擔幹什麼，用不著了，丟！」說完順手扔到海裡。

「糟了！」他突然大叫，不久，他急著回到原來碼頭，但他的工作已經有人補缺了。

丟掉青竹竿，忘卻叫街時，身後有餘忘縮手，眼前無路想回頭；飽肥甘，衣輕暖，不知惜者，容易折福；廣積聚，富貴足，不知節者，便會生禍；故事啟示了，人要知福惜福，一旦失去了，才知可愛可貴；不去愛惜，令人惋惜；不會珍惜，那才可惜。

隻字必惜，貴之根；粒米必珍，富之源；微恙必護，壽之本；珍惜衣食，非為惜財，乃為惜福；節省水電，非為省費，乃為省源；作賤五穀，非有奇禍，必見奇窮；愛惜隻物，不但積用，亦見積財；老來疾病，都是壯年不愛惜所惹；衰後災難，都是盛時不重視所致；飲水不忘挖井人，吃果記得種樹郎；細雨落成河，粒米湊成籮；由儉入奢易，由奢入儉難；冬不珍重春要愁，夏不愛惜秋無收；幸福的意思，就是知福加上惜福。

得榮思辱，居安思危；今日無存，明日告罄；平時不積，臨時受累；有時當思無時苦，好天要積雨天糧；錢是一塊一塊上萬，麥是一顆一顆上石；米飯粒粒念汗水，不知糧食當自悔；惜衣有衣穿，惜食有食喫；一食一粥當來之不易，半絲半縷應知得之維艱；勢不可使盡，使盡禍必至；福不可享盡，享盡緣必孤；創業維艱須節儉，建設不易務辛勤；現在之福積於祖先，不可不惜；將來之福貽於子孫，不可不培；思前顧後，吃穿常有；精打細算，油鹽不斷；如果凡事視同當然，珍惜與愛護就不會湧上心頭。

破壞容易建設難，創業容易守成難；如果得不到你所愛，不如就要愛你所得；知緣惜緣方有緣，知福惜福方有福；知福，生計才會懂得滿足；惜福，生活才會變得充實；造福，生命才會顯得快樂；珍惜了，心情才會愈來愈美；知足了，運氣才會愈來愈好；我們與其遠眺頭上的雲霞，何不踏實腳下的綠茵；我們與其迷戀昔日的繁華，何不享受今朝的清淡；凡過於渴望幸福者，必已遠離滿足。

圈走大蜘蛛

有一個和尚每次開始打坐入定時，總感覺有個大蜘蛛在身邊張牙舞爪，甚至變化各種模樣，不斷的對他進行擾亂，怎麼趕都趕不走。

他在萬般無奈之餘，把經過情形報告師父，說：

「師父啊！要怎麼辨才能趕它走，請指點迷津！」

師父告訴他，說：

「你不妨在入定前，手拿一枝筆，當蜘蛛來的時候，記住，就在它肚子上，畫上一個大圈圈，看看這倒底是何方妖魔？」

和尚回去後照辨，說也奇怪，蜘蛛經過濃墨畫圈後，從此消失，他也安心入定。

出關後，他才發現那個大圓圈，墨漬未乾，竟然是是在自已的大肚皮上。

臨境疑心心不專，處事疑神神不寧；心使形從，形使心進；和尚的捕風捉影與蜘蛛的杯弓蛇影，兩者交織成了一幅疑心生暗鬼的動畫，容待真相大白時，結果令人莞薾，疑神疑鬼的人，做什麼事都是礙手礙腳的。

禍機之發莫烈於猜疑；猜忌可使心靈腐蝕，孤疑則使眼睛蒙蔽；前者是智慧的瀉劑，後者是情感的毒藥；多心成愁苦，多疑造詭譎，多思生憂鬱，多怨生憤怒；自疑不信人，自信不疑人；多疑的人，缺乏自信，不去信任，沒有信仰；世界上最大的滑稽，可不就是智者一目了然，愚者還在滿腹懸疑？

眼內有塵三界窄，心中無礙一床寬；根深不怕風搖動，樹正何愁月影斜；信任少數人，不害任何人，推愛所有人；人若心體澄澈常在明鏡山水之中，則天下自無可厭之事，人若意氣常於霽月光風之中，則天下自無可惡之人；疑人則信任不專，人不為用；疑事則優柔寡斷，事不能成；此心常看得圓滿，天下自無缺陷的事物，此心常放得寬厚，天下自無險詐之人情；心美，看任何事才都順眼。

風不可繫，影不可捕；蓄疑敗謀，怠忽荒事；足以左右心智的，則能左右恐懼；會是影響心態的，方能影響判斷；信任是開放心扉的鑰匙，誠摯是架通心靈的橋樑；我們不必擔心會發生什麼事，重要的是如何看待發生的事；一旦摘下有色的眼鏡，原來問題都不是問題。

闖進了雷區

小朱在前線服役時，常聽鄉下長大的軍中弟兄吹噓，烤雞是多麼的好吃，還特別強調，如果有人弄到，他們就負責料理，保證香噴噴，聽得小朱口涎三尺。

這天，他開車巡邏，突然看見大約五十米外的樹上有隻野雞，機會難得，管他三七二十一，拿槍瞄準就射擊，接著跳過籬笆，越過田野，興奮的取回獵物。

可是，回到車上，兩個武裝憲兵，拿著登記簿，快步走了過來。

「我只是打隻野雞，準備烤來吃，我沒有做違規的事情！」他委婉的向憲兵解釋。

但是憲兵怒氣沖沖，相當不滿的說：

「你犯了兩大錯誤，首先，這是保育的鷹，不是野雞，其次，你剛剛是闖進了雷區。」

飯休不嚼就咽，路休不看就走，話休不想就說，事休不慮就做；蠢人以一時為快，智者以三思為先；小朱的冒然衝動，雖是稱快一時，卻將痛苦一陣；疏忽大意的結果，總會有著不幸在迎接。

疏忽是理智的酩酊，也是智慧的迷糊；貪得眼前歡，苦在事後鑽；逞強者，憑感覺不問輕重；好能者，忽理性不問是非；天使不敢去的地方，笨蛋總是一馬當先；猴子爬樹愈高，愈容易露出屁股；滿瓶不搖半瓶晃，大鯨不跳小魚躍；為疏忽大意所驅使者，猶如騎著一匹怒馬，險不可測。

百事之成也，必也敬之；百事之敗也，必也忽之，享受眼前的歡樂，應不損害將來的幸福；三思有益，慮多無失；寧默毋躁，寧拙毋巧；不可乘喜而失言，不可乘快而誤事；考慮週到，勝過百日徒勞；經過考慮的隻言片語，勝過冗長的無稽之談；假如你不會綁繃帶，就不要觸痛人家的傷口；假如你能考慮兩遍以上，那你做的要比原來好兩倍；最快的路，不一定是最近的；最好的路，不一定是最平的；明白人依理智作為，無知者隨感情用事；不能控制自已的人，也實在沒有支配的價值。

事當快意處須轉，言當快意處須停；意得常忘形，樂極易生悲，心靜才會靈台清明，氣定才會方寸持重；寧行動前先思考，毋行動後才懊惱；安祥方能沉穩，沉穩方能明斷，明斷方能行動，行動方能成功；誠然，輕浮總是生在得意時，疏忽總是長在大意裡，胡塗總是出在失意中；大意永難如意，粗心必難稱心；尤其，在安全方面，更要謹小慎微，否則，一失足成千古恨，再回頭已百年身。

說人者人恆說之

相傳，有個婦人死後，被打入十八層地獄，她心有未甘，上訴閻王，請求覆判，但是，閻王仍認為，她生前老是喜歡東家長李家短的，無事生非，可謂罪有應得。

「可是，罪也不至下到第十八層啊！」婦人哭辯說。

「何以見得？」

「我的罪狀中，就有一半是人家在說我的！」

閻王從檔案調卷一看，果然厚厚的資料顯示，婦人生前，一半在搬弄別人是非，一半是別人在說她閒話。

「這怎麼回事？」閻王側頭詢問在旁的判官。

「說人者，人恆說之！」判官冷冷的回答。

來說是非者，便是是非人；莫道閒話是閒話，是非皆從閒話來；說了別人的閒話，就有閒話來說她；誰人背後不說人，背後誰都被人說；人際和諧的破壞者，定先從閒話開始；無事生非的開場，最後總是難以收場，不可不慎！

閒話，乃自無火之處所冒的黑煙；閒話多半是謊言；閒話用不著廣告；閒話的速度，快過電子郵件；佞言甘，讒言巧；說人壞話是心術不正者的春藥；愛說是非者，總叫人不敢信任；搬弄是非者，嘴裡吐不出好話；擅長中傷者，舌頭裡藏著魔鬼；是非愈說愈多，人情愈說愈少；將他人抹黑，自已也不能白；含血噴人，先污已口；閒話就是謠傳與誹謗的密友。

閒談莫論人非，靜坐當思已過；做事要留餘地，說話要留口德；是非終日有，不聽自然無；閒話未必真，聽言聽三分；未定之事不可臆斷；無據之事，不可疑人；欲人勿聞，莫若勿言；欲人勿知，莫若勿為；人之謗我，與其能辯，不如能容；人之侮我，與其能防，不如能化；在修養上，不好是非，不聽是非，自然遠離是非；在行事上，要分是非，要明是非，自然沒有是非；世事無是非，全然自心起，若要行大業，必須律已心；好說已長便是短，自知已短便是長；是非自有公斷，公理常在人心；事實才是對中傷最好的駁斥。

世上最困難的事，是認識自已；責人先問心，律人先嚴已；人們最容易的事，是武斷別人；有嘴說別人，無嘴說自已；是非者的是非，最不能明辨！理智者的理智，最不會混淆；當我說人時，要知道：將欲論人短長，先思自是如何？當人說我時，要做到：反觀自已難全是，欲駁人家莫道非！心存是非，時時都有怨言；心懷悲悲，處處都有好話；不是嗎？

可以先登機

春節前夕，某空軍基地的官兵和眷屬們，在等候一架運輸機，準備返鄉度假。

在盼望中飛機終於到了，一位空中小姐站在機艙門口宣佈：「單身的孕婦可以先登機，其他的……」

話還沒說完，就有一個神氣活現，帶著一對子女的少將，擠向前來。

「高級軍官應該先登機！」他高聲叫嚷：「我是官階最高的，我命令妳登記讓我先上飛機！」說完，還得意洋洋的睥睨其他人，似乎在炫耀自己的能耐。

「是，將軍！」空中小姐冷冷的回答，在少將及其子女大搖大擺登機後，她又轉身向其他人宣佈：

「若還有那位懷孕的少將，現在也可以登機。」

掌權之官，承之於謙容，方不開妒忌之門；握勢之人，濟之於和衷，才不啟忿爭之路；跋扈的將軍，一身官氣，十足僚氣，歸根究底，權勢使然，難怪自取其辱，令人遺憾！

權勢，最叫人著迷，常使人反感；權勢以道德聲望取得，則如山中之花，長久生存；權勢以逢迎諂媚取得，則如盆中之花，容易凋謝；權勢以強橫威迫取得，則如瓶中之花，不能隔夜；絕對的權力，是會導致絕對的腐化。

人在公門好修行；權不可享盡，勢不可使盡；權愈盛，慮愈深；勢愈強，意愈下；我貴而人奉之，奉此峨冠大帶也，並非奉我，我何必喜？我賤而人侮之，侮此布衣草履也，原非侮我，我何須怒？人敬我權，須我以位造福，非所以凌人；人重我勢，望我以力嘉惠，非所以損人；官雖至尊，不可以人之顯卑，佐我之喜怒，勢雖無比，不可以我好惡，強人之取捨；權過囂，則謗至；勢過熾，則毀來；樹大招風，名大招妒；榮寵之地，退讓才穩當；顯赫之時，收斂才平安。

榮華總是三更夢，富貴還同九月霜；居盈滿者，如水之將溢未溢，切忌再加滴；處危機者，如木之將折未折，切忌再加搦；盛時要作衰時想，上場當念下場時；做官須知去之日，做人當慮死之後；官居再大，也不過黑白一天，財積再多，也不過三餐一日；莫言炙手紅可熱，須臾火盡灰亦滅；誠然，權勢是暫時的，財富是後人的，只有，人品才是自己的，名聲才是久遠的。

找不到這些首飾

有個富商的太太，特別請人替她畫了一幅人像，她吩咐畫師，說：

「一定要畫出，我戴了鑽石耳環，琥珀金鍊，綠寶石手鐲，珍珠垂飾以及白玉戒指！」

「可是，夫人！」畫師皺著眉頭說：「妳並沒戴這首飾啊！我怎麼知道這些款式呢？」

「那就你所知道的最昂貴與最漂亮的，畫上就行了！」富商太太答道。

然後，話鋒一轉，無限期待的說：「我這樣做是有道理的，如果我比丈夫早去世，他一定馬上續弦，我要那個女人，因為找不到這首飾，氣得發瘋！」

性妒者好說人短，量狹者不計人長；聰明的女人在對付男人，愚笨的女人則對付女人，妒生怨，怨生恨；一切非理性行為於焉產生，若稱是人際關係中的諸惡之最，誠不為過；嫉妒真是下意識一種卑劣的情緒，足以使人狹窄與毀滅，不可不防。

嫉妒乃惡意的眼睛，是不講理的性格，是怯懦者的惡德，嫉妒是擴大芝麻小事的一面放大鏡，嫉妒是不能忍受別人幸福的憤怒；嫉妒是對別人的價值伴隨著憎惡的羨慕；嫉妒是來自佔有慾的惡癖；嫉妒比仇恨更難和解；嫉妒者的眼光，是一面凹凸鏡，永遠看不到真象；嫉妒使人得到短暫的快樂，但卻使不幸更加幸酸；嫉妒既使在沉默，仍然很吵鬧；嫉妒也許是愛的刺激物，更可能是恨的反應器；獨佔慾強，自私心重；悍婦多性妒，莽夫常量小；善妒的心，老計較；複雜的心，愛攀比；批評的心，易怨懟；嫉妒就是紛擾的種子。

善妒者，必惹憂愁；好嫉者，必多猜疑；鐵生鏽則壞，人生妒則敗；量狹煩多，心窄病多；聞人之喜，不應排斥；遇人之過，不宜高興；人有喜慶，不可生妒意；人有禍患，不可起歡心；毋以己之長而形人之短，毋以己之拙而忌人之能；不奪人之功，不厭人之能；黃土埋不住白金，嫉妒蓋不住私利；妒人而人不妒，將會由和而裂；人妒而不妒人，才會由低而高；人妒亦妒人，將會由恨而亡；人不妒亦不妒人，才會由平而安。

有才而性妒，定屬庸材；有智而量狹，斯為下智；記人好處，肚量變得大；說人好話，妒心去得快；嫉妒對別人而言，是種煩惱，對自已而言，就是折磨；人妒我，那表示我還不錯，我妒人，就證明我的不行；我們不可能樣樣比別人強，那麼，何須把和氣變成怨氣！何必把才氣變成意氣！何不把脾氣化為志氣！何妨把生氣化為爭氣！

我參加過他的葬禮

法院審理一宗凶殺案，證人出庭時表示，他看見受害人躺在地上一動也不動，顯然已經死去，對方的辨護律師站起身來，客氣的盤問他，說：

「先生，你是醫生？」

「不是！」證人回答。

「那麼是救護員？」

「也不是！」

「你上過醫學院沒有？」

「沒有！」

律師這時再也忍不住的厲聲斥責：

「那麼，請告訴我，你又是怎麼知道，當時受害人已經死掉？」

「因為！」證人神色自若的說：「我參加過他的葬禮！」

論事不可偏據形跡，辨事不可輕信傳言；能明而斷，是謂英斷；不明而斷，是謂武斷；欲審曲直，莫如引繩；欲審是非，莫如引實；律師的推理，陷於主觀，流於偏見，足為負面教材，良好的判斷，才是對抗錯誤的防腐劑。

判斷力是種貫穿事物暗角的智力；根據刨屑，判定木匠；觀察料理，判斷廚師；聞音知鳥，聞言知人；要知心裡事，但聽口中言；吃飯吃滋味，聽話聽下音；頭眩的人，以為世界在旋轉；智昏的人，以為理由在懷抱；人人抱怨自己的記憶力，沒人抱怨自己的判斷力；感官並不欺騙人，欺騙人的是判斷；沒有什麼比做決定還困難，所以，沒有什麼比能判斷更寶貴；所謂精明，就是指具有正確敏銳的判斷。

判斷一個人，要根據他的問題，而非他的答案；理解一個人的秘訣，就是不急於對他下判斷；想像可搶先而奔，判斷要緩慢而行；若說判斷是天秤，那麼證據則是重量；判斷之前，應無成見；有想像力而無鑑別力，是非常可怕；有知識而無判斷，是加倍瘋狂；吾人常依己之所能判斷自己，別人則就已之所為判斷吾人；未定之事不可臆斷，無據之事不可疑人；判斷自己要以誠，判斷別人要以仁；一分判斷力，抵得十分單純的學問；明智的判斷來自經驗，而經驗往往源於錯誤的判斷；缺失判斷力者，往往會使一件事無法開場，既使開了場也無法進行。

目欲視，即當鑑其邪與正；耳欲聽，即當判其是與否；青年人的才能是發明，老年人的才能是判斷；二十歲以後，意志支配一切；三十歲以後，機智影響一切；四十歲以後，判斷決定一切；道聽途說不足取，捕風捉影不可為；耳聞是虛，眼見是實；我們判斷力的良窳，不就是自己成熟與否的檢驗！不就是自己成就多少的指標！

怪你自已太衝動

「你怎麼又遲到了！」

老王與小張大早上班，前腳跟後腳才進辦公室，老闆就一頓斥責，小張悶不吭聲走了，老王在座位上，愈想愈氣，正好看到桌上一份簽稿有誤，就把文書小姐叫來。

「你簡直莫名其妙，這份公文怎麼這樣簽？」

文書不敢解釋，這完全照老王意思簽的，只好修放，憋了一天氣，回到家裡，見到開計程車的丈夫坐在沙發，翹著二郎腿，就破口大罵：

「死鬼，就只知道等我弄晚飯，你自已不會去做？」

丈夫一聽大為光火，奪門而出，開車時怒氣沖天，但為閃避小狗，卻意外將巷道轉彎過來的老王撞成重傷。

在醫院中，瞭解事故的原委後，老王埋怨老闆：

「老闆，都是你罵我遲到所引起！」

「怪你自已太衝動！」老闆冷冷的說：「那時，我是責備小張，他經常遲到，你沒看到他當場不好意思就走了嗎？」

忍得一時忿，終日無煩悶；容可容人未是容，忍難忍處方為忍；整個故事，宛如一場連環鬧劇，都是在衝動時，不能忍，忍不住，忘記忍，適足說明，瞬間的忍耐，何異一生安全之保障。

忍為眾妙之門；一切諸煩惱，皆從不忍生；忍字頭上一把刀；忍耐不是懦弱，而是寬容；退讓不是無能，而是度量；小不忍，亂大謀；必有忍，事乃濟；世道每逢謙處好，人情常在忍中全；厄運得由忍耐而改善，霉氣亦因忍耐而去除；少許忍耐的價值，勝過大量的智慧；忍耐既是抵禦嘲辱的最佳盾牌，更是英雄最亮麗的飾物。

忍辱第一道，佛說無為最；忍得氣，作得人；片刻不能忍，煩惱日月長；失意事來，治之以忍；拂意事來，緘之以默；靜能養心，忍能養福；遇橫逆之來而不怒，當非常之謗而不辯；認半句錯，省千般累；忍一時怒，保百年身；修身有道和為貴，處世無奇忍自高；是非入耳君須忍，半作痴呆半作聾；世事讓三分天空地闊，心田留一點子種孫耕；必能忍人所不能忍，方能為人所不能為；你若控制不了自己，也就控制不了別人；有耐性的人，終必得到一切。

退一步海闊天空，忍片刻風平浪靜；退一步是大度，讓一些是善良；讓人三分不吃虧，容人一刻無損失；事不三思，但恐忙中有亂；氣能一忍，方可過後無憂；我們知忍，就得在怒中之氣時涵養；我們行忍，就得從脫口之言時慎防；忍耐，的確就是希望的最高藝術。

竟然是自己

有個公司的小開，年青富有，又胖又禿，卻在月前新交了一個美麗大方的女友，兩人經常出雙入對，雖然，他自己生活綽闊，交遊複雜，但很不放心女友在外的交往情形，惟恐因此影響自已事業與聲譽，所以，決定暗中調查女友底細，又為了保密，刻意不出面，僅托人僱請私家偵探，並嚴格要求，不讓徵信社知道，是他幕後主使。

不久，他就收到輾轉回報的結果：

「XX小姐身家清白，潔身自愛，無不良紀錄，惟一可疑之處，即在這段期間，與一名頭戴假髮，身材微胖，大腹如鼓的青年，往來密切，堪值注意者，該男子雖為商界大亨之子，但其貌不揚，風評不佳，前科累累，謹附照片如後，宜小心防範。」

他取照片一看，竟然是自已。

惡莫大於言人之過，病莫大於飾已之非；人之過在眼前，已之過在背後；這個故事，諷謔十足，責人宜先責已，律人該先律已；自省，就像一面鏡子，才會時刻清楚的觀照自已。

反省是自新的基礎，也是成長的開始；人雖至愚，責人頗明；人雖至聰，恕已則昏；再聰明的人也看不到自己的背後；天上的繁星數得清，自已的臉垢看不明；責人短處，本身也有缺陷，挑人過錯，自已也不完美；避開愚行乃是智慧的開端；自知之明則是難得的知識；以銅為鑑，可正衣冠；以人為鑑，可知得失；不會評價自已，就不該評價別人；後悔之淚，能洗罪過之污；認錯誠乃得救之始。

他山之石，可以攻玉；要想了解自已，最好問問別人；凡有望於天者，必先思已之所作；凡有望於人者，必先律已之所為；事事反已，世上盡可恕之人；時時問心，腹中少難言之隱；知往日所為者非，則學日進；見世人可取者多，則德日長；看人家之好壞，自已要靜靜檢討；說人家之是非，自已要一一斟驗；思昨日之過，定今日之計，創明日之機；人活著一天，內在的聲音就不能歇息；智者就是隨時能控制自已聰明的人，而錯誤最多的人，就是死不認錯的人。

偉人無常師，君子當自反；莫笑別人背駝，自須把腰挺直；知者改過而遷善，愚者恥過而逐非；人非聖賢，孰能無過，過而能改，善莫大焉；愈是無能的人，愈喜歡挑剔別人；向天吐唾沫的人，唾沫必然回跌自已臉上；世事不能太精，太精無路；做人不能太苛，太苛無友；知道檢討，方顯氣度；知道反省，才見成長；用正確的方式審視自已，才知道正確原來在那裡；別忘了，當我們以一根手指對著別人時，別外還有四根指頭指向自已。

哎呀好痛好痛

有天，天堂的宮殿裡喧囂不堪，玉帝走近一看，原來在舉辦投胎儀式，大家興高采烈，只見一個猴子蹲在角落啜哭，玉帝詢其所以，猴子說：

「報告玉帝，張三李四都已轉世為人，為什麼我不可以投胎人間？」

「你全身是毛，如何為人？」玉帝說。

「那把我身上毛拔光，不就可以嗎？」

玉帝只好拔毛，但拔了一根，猴子就不斷哀嚎：「哎呀，好痛！好痛！」

玉帝見狀，無奈的嘆道：

「你一毛不拔，何以為人？」

人生最無聊的保守是慳苛，人生最無謂的節省是吝嗇；沒有付出，那有回報？不能施捨，就無收獲！最好的幸福，不是得到，而是感懷；最大的快樂，不是擁有，而是佈施；一毛也不拔，一點也不捨，這種人叫誰都搖頭嘆息。

慳吝者，當用而不用，不當省也省；守財不施，是謂錢奴；如當於理可謂之儉，如吝於財則謂之慳，苛奉自已之謂儉，薄施他人之謂吝；揮霍者在剝奪子孫，守財奴則剝削自已；慣刻薄者不可與交心，性私利者不可與之交財；吝嗇的人是被財產佔有，而非佔有財產；吝嗇的人，對於他有擁有的，正如他所沒有的，同樣的感到匱乏；小氣者，永不成大器。

施比受有福；人的可貴，不在支出，而在施給；自奉可約，待人要豐；品格之不高，總有一個吝字看得不破；德行之不長，則為一個施字做得不夠；富以能施為善，貴以能給為榮；應其需要，待求而施給，那是很好；知其需要，不待求而施給，才是更好；欣然樂施，歡悅就是報酬；人人為我才有我，我為人人方為人；犧牲享受，才能享受犧牲；服務別人，才有別人服務；快樂人生的活水，應在給予，而非取得。

施捨不倦，求善不厭；千棟房屋空身去，萬頃良田撤手歸；人空手的來，又空手的去；既無保住自身，又何苦執著外物？既不能留住生命，又怎能守著財產；施捨的雙手比祈禱的雙唇更神聖，送人鮮花，手有餘香，可給，何必小氣；能施，何不大方；捨得！捨得！能捨才能得。

我去再輪他

有一個人就要轉世投胎，運用特殊管道，找到判官和閻王，希望能幫他找到一個好的人家。

判官問他：「要怎麼樣才是好的人家呢？」

這人不假思索，非常期待的說：

「父為高官子登科，嬌妻美妾三五個，良田萬頃加山坡，年齡維持三十多！」

閻王在一聽，睜大了眼睛，趕緊提筆批示，逕交判官，並通知這人，龍袍一脫，掉頭走了⋯

判官打開手諭一看，閻王這麼寫的：

「如此富貴家，那個不想它，地獄生活差，成天苦哈哈，閻王你代理，我去再輪他。」

貪不足羞，可羞的是貪而無度；卑不足惡，可惡的是卑而無能；財多愈求，官高愈謀，知足的人，看到的都是貧窮人家的苦，不足的人，想到的見都是富貴人家的樂；人心之不足，何時能休？令人不無感慨！

不足起於無度；不足是貪婪的鄰居；非分之求就是不足，它是：煩惱之因，嫉妒之媒，怨恨之源，痛苦之根，因辱之累，毀身之禍；安莫安於知足，危莫危於好貪；貴莫貴於不求，賤莫賤於多欲；不廉者無所不取，不恥者無所不為；不足者富貴亦憂，不求者貧賤亦樂；人心不足蛇吞象；最貴重的心，才是最好的滿足。

事能知足心常愜，人到無求品自高；福在知足，祿在求退，壽在寡慾；知足在能除妄想，安貧在能去奢念；富貴榮華並不是因為能擁有什麼，而是能缺少什麼，無病無痛便是福，飲食有味便是祿，死得其所便是壽，精神快樂便是喜，平安順利就是富，生活無缺便是貴，希望理想上的利益，往往會失去現在的幸福；人人若知足，天下豈不有餘，人人能安份，天下必定無事；滿足彷如點金術，可使一切接觸的東西變得值錢；知足才是生活快樂的源頭，更是永保青春的偉大化粧師。

得飽便休，身外黃金無用物；遇閒且樂，世間白髮不饒人；淡泊所以少慾，恬適所以安身；知足不辱，知止不殆；竹因空而受益，松以淡而延年，莫道人間煩事多，知足便是清閒時；不與人比，做事輕鬆，不與人爭，做人成功；看看自己，瞧瞧別人，比上，我們或許不足；比下，我們絕對有餘。

戴上一頂高帽

畢業典禮後，校長認為林同學的學習表現，雖然不錯，但其中拍馬屁得來的成績不少，若不改過，以後對前途不無影響，所以臨時特別召見他。

「做人要實在，要靠努力，不可光靠替人戴高帽，就能成功！」校長反覆叮嚀著。

「謝謝校長訓勉，校長說得對極了，也只有校長這種偉大的教育家，才會對學生如此關懷！」林同學恭維的說。

校長聽了頗感窩心，拍拍林同學的肩膀，欣慰的說：

「很好！很好！以後就這樣做就對了，我對你有充分信心！」

走出校外，林同學得意非凡，自言自語的說：

「真不錯，剛畢業我就替人戴了一頂高帽，嗯！今後大有可為！」

愚蠢人阿諛自己，聰明人阿諛傻子；千穿萬穿，馬屁不穿；千錯萬錯，吹捧不錯；雖然每個人都喜歡聽好話，但是有幾人能拒絕戴高帽；諂媚真是一種不當忠而忠的行為。

諂是惡行，媚是禍心；既是誑騙之根，更是欺瞞之源；諂媚乃危險的仇敵，亦為煽動罪惡之鞭；厚顏的訶者，好壞不分；昧心的諛者，是非顛倒；奉承是坟偽幣，只有虛榮心才會讓它流通；巧言令色也是種欺誑；拍馬行諂是有貌似忠良之嫌；不當的甜言蜜語，往往其中會包含苦辣。

諂媚者互自卑，過份的恭維，等於賤賣自己的人格；敵人中最壞的是諂媚，諂媚中最壞的是逸樂；上交不諂，下交不傲；輕施者必好奪，善諂者必易驕；盲目奉承人，易為人所輕；刻意討好人，易為人所使；巧言者，其言不真，令色者，其色是假；擅諂者，不可與之多謀，善諛者，不可與之久處；想取悅所有人的，勢必為所有人不悅；當懷有目的的心，加上一張奉承的嘴，這就是一個危險的陷阱。

做事不貪大捨小，為人莫媚上欺下；能諂我者，必能害我，宜加意防之；肯規我者，必肯助我，宜傾心聽之；對人而言，我們不能光憑嘴巴甜，還要靠我真才實學；就我而言，我們不能只顧耳根順，還要看他真心實意，畢竟，路遙才知馬力，日久方見人心。

笨蛋你不笨

一位修行多年的大和尚，為小沙彌解釋功課上的難題，對其學習態度與效果，頗不滿意，但仍心平氣和的加以鼓勵。

「孩子，聽師父說，你並不笨。」

小沙彌說：「師父，我覺得自己好笨！」

大和尚還是委婉的細聲安慰：「不！你不笨。」

「不，我是真的很笨！」小沙彌也懇切的說。

「真的，你不是笨的！」大和尚輕拍小沙彌的肩膀。

小沙彌依然懊惱，說：

「不，我才真笨。」

如此這般，說了半天，又說不清……

突然，大和尚勃然大怒，滿臉通紅，大聲咆哮：

「笨蛋——你根本就不笨。」

無嗔即持戒，心淨即出家，重重的責罵笨蛋，大大的刺傷尊嚴，嗔怒像個炸彈，粉碎了外在的和諧與平衡，也毀滅了內在的修持和道行；檢討這位大和尚情緒的失控，足見要去除嗔毒，知之非艱，行之惟艱。

憤怒是偷走美好時刻的蠢賊，嗔怒是發狂前的驟雨；發怒是品格缺失的無情暴露；忿為憤事之源，怒為敗事之根；滾水中看不見倒影，盛怒中看不到真相；可以怒而不怒是怯懦的庸人，不該怒而怒是鹵莽的匹夫；忿怒起於衝動，終將止於懊悔；怒者，心之奴；生氣就拿別人的錯誤來懲罰自己。

一次深呼吸，一個好心情；溫和的對話，最能解除忿怒；處世平心天地闊，為人和氣子孫昌；神傳於目，激動時宜當輕闔，以之養神；禍出於口，憤怒時該要緊抿，以之防禍；神歛可期忿消，氣收自覺怒平；倘念人家幾分正確，即我之氣消，肯說自己一個不對，即人之心平；怒火在愚者心中餘燼不熄，但在智者心裡僅燃燒片刻；無能的人，他惟一的自我安慰，就是惱怒；由於你不能控制脾氣，那就便被脾氣所控制了。

兩怒無不成之禍，兩悔無不釋之憾；忍得一時之氣，可免百日之憂；讓人非我弱，守己任他強！我為憤怒自憔悴，那能無損舊腰圍？是的，我不能歡樂時，何妨做到明智，我不能開心時，何妨做到隨和；對不能補救的事，何不使自己知足，對不能糾正的事，何不使自己寬容；常愛生氣，不僅客氣；亂發脾氣，最沒福氣。

我們怎麼下來

小明不顧爸爸要求先熟悉性能，充分完成準備後再使用的告誡，興致勃勃地要騎腳車，終於勉強可以上路，興奮之餘，逗著在一旁觀看的妹妹，說：

「妳看，我會騎了，你要不要上來坐？」

妹妹經不住誘惑，跑過去蹦的一下跳上後座，興高彩烈的亂嚷亂叫，不久，問題來了。

「哥，我們怎麼下來？」妹妹問。

「老實說，我還不知道！」小明說。

「那你剛才是怎麼下來的？」

「用摔的！」

「可是，我最怕摔，我不要用摔的！」

「那……只好再等一下，看看爸爸會不會趕來救救我們！」小明的語氣，對自已毫無信心。

「救命……」妹妹哭著高叫。

事未至而預圖，則處之常有餘；事既至而後計，則應之常不足；小明未燒三柱香，馬上就想上天堂，準備不足之窘境，令人發噱；凡事預則立，不預則廢；適當的準備，是可解決一生之中百分之八十的問題。

準備是對未來所作的決定；工欲善其事，必先利其器；台上三分鐘，台下十年功；平時多流汗，戰時少流血；多算勝少算，少算勝無算；前慮不足，後有大患；足不強則迹不遠，鋒不利則割不深；先謀後事者昌，先事後謀者亡；平時不燒香無事，臨時抱佛腳沒用；渴而後穿掘，可以圖遠，難以應急；飢而後植種，可以求食，難以補餓；有準備的人，能夠即席表演；準備才是安全的最好基礎。

要想吃蜜，就得養蜂；預防勝於治療，防範重於補救；宜未雨而綢繆，毋臨渴而掘井；憂先於事，可以無事；事至而憂，無益於事；閒時辦，急時用；謀者謀於未兆，慎者慎於未成；出外十日，為風雨計；出外百日，為寒暑計；出外千日，為生命計；想贏的意志一點也不如準備要贏的意志重要；言前定，則不跲；事前定，則不困；行前定，則不疚；道前定，則不窮；不困在早慮，不窮在早預；毋恃其之不來，恃吾有以待之；真正的戰爭，發動在開火之前；最後的勝利，取決在準備之日。

臨崖勒馬收韁晚，船到江心補漏遲；居安要思危，有備才無患；今日怠於準備，明日則更困難；我們最快的步伐，不是跨越而是準備；我們最好的辦法，不是精算而是穩當；沒有準備的人，就準備失敗；機會永遠是留給準備好的人。

是紙袋還是膠袋

有一個年青人下班後回家，滿面春風的告訴太太，他已晉升為公司副總裁了。

「這有什麼了不起！」他太太說：「副總裁一點都不希奇，我們光顧的超級市場，就有許多副總裁，他們甚至還有一個主管購物袋的副總裁呢！」

年青人一肚子惱火，高聲駁斥，說：

「妳分明是吹牛膨風，我現在就打電話給超級市場，證明妳胡說八道！」

電話接通後，他說要找主管購物袋的副總裁講話。

對方頗為不耐的問道：

「是紙袋部門的？還是膠袋部門的？」

有其言而無其行，雖聲勢誇張，何有於安；有其名而無其實，雖裝飾華麗，何益於危；這個年青人的炫耀，彷若孔雀開屏，一心想展示美麗，卻被人看清屁股；扭曲的觀念，混淆的價值，殊不可取；名聲的最高標幟，就是名符其實的榮譽，而非徒有其表的虛榮。

虛榮是建築在沙洲上的華廈，也是映現在湖塘中的倒影；務虛名者，招實禍；好虛榮者，必多怨；夜郎自大是狂妄；濫竽充數是浮華，膨脹過份是欺騙；虛榮是驕矜的食物，輕蔑則是它的飲料；虛榮成侈靡，浮華生貪婪；虛榮真是自以為是的驕傲。

名不徒生，譽不自長；打腫臉充胖子，不必；不量力爭面子，可免；慢誇顯榮，設名實不符，何啻風中之燭；休美顯赫，若表裡不一，豈非鏡中之花；德藝周厚，則名必善，容色綺麗，則影必美；質堅表自華，實至名必歸；千里傳聲，萬里傳名；風過留聲，雁過留影；真正的榮譽，禁得住公評與考驗；榮譽才是英雄的香氣。

好榮，非所求顯；好名，非所求譽；虛華雖有百日好，浮榮終無幾時紅；夫有其實，斯有其名；必有其衷，方有其外；涉世無如本色難，立身不被浮名累；我們實事求是，是非毀譽各不亂真；我們穩紮穩打，利鈍榮枯自不會假；畢竟，虛名終究是明日黃花，轉眼就會消逝；浮華也還是過眼雲煙，回頭就成泡影。

不是這個樣子

有個企業集團的老闆過世，因其為人霸氣獨裁，表裏不一，擅造假資料，利用西方使者接引時，特別賄賂買通，讓他可選擇上天堂或下地獄，並要求先看看兩邊情形，再作打算。

使者帶他到簡報中心，打開螢幕，先看天堂的世界，但見每個人員都非常賣力，認真學習，接著收視，地獄的狀況，只見每個人都在醉生夢死，吃喝玩樂。

影片尚未結束，他當機立斷，說：「報告使者，佛說我不入地獄，誰入地獄，我去！」

於是，使者立即帶他到地獄，才一進去，牛鬼蛇神蜂擁而至，沒審判就上刑，腳鐐手銬一齊來，在刀山油鍋中，他好不容易擠出一口氣，叫道：

「使者啊！你剛才讓我看到的地獄實況，不是這樣子啊！」

「剛才你看到的，不就是你公司製作的廣告影片！」

裝腔作勢只在體面上鋪張，這是虛浮；指東劃西不向身心內充實，此乃詐偽；真金不怕火燒，事實勝於雄辯；巧偽不如拙誠，虛詐未若真實；故事中廣告的真假有異，正是反映了老闆的表裏不一，其下場無殊因果報應的寫照；汝若全德，必忠必直；汝若全行，必方必正；處世的理念當要如此，做人的道理更是如此。

世上最公開的虛偽就是作假，愚者看見其面具，智者熟悉其面孔；有人討厭鄉愿，只為他似忠似廉，無非虛矯身段；有人唾棄狡猾，只因他人前人後，盡是表面工夫；害蟲吃青草，虛偽吃靈魂；虛偽的人，智者輕蔑之，愚者嘆服之，諛者崇拜之，但也為自已的虛榮奴役之；虛偽的心不會有堅固的腿；虛偽的真誠比魔鬼還可怕；寧可有個公開的仇敵，不能有位虛偽的盟友；虛偽不會創造任何東西，因為虛偽本身什麼都不是；所謂的虛假，就是不得不製造多的虛假來虛假。

真實是人生的命脈，是一切價值的根基，又是商業成功的秘訣；真實與正直是對賢伉儷；蘊於內為真，形於外則直；假冒是裝的好，誠實是真的棒；無知之人，以偽妄為樂；聰明之人，按正直而行；行正路的，步步安穩；走小道的，時時顛跌；以誠心待人，人或不諒，而歷久自明；以正道教人，人即不從，而自反無愧；人可欺而心不可欺，上可欺而下不可欺；已可欺而敵不可欺，名可欺而實不可欺；寧拙毋巧，寧近毋遠；以直制曲，以正制邪；志不虛邪，行必正直；敬以直內，義以方外；沒有正直與真實，就沒有偉大；真實與誠懇是天才的寶貴品質；真實誠乃最好的政策。

無人處勿偽，有人處勿肆；若要人不知，除非已莫為；一個真字是立身之本，所以我們做人必須立定腳根；一個實字是接物之要，所以我們處世更要敞開面孔；凡事不弄虛作假，這就是真誠；待人不違心悖性，這就是實在；接物不偷斤減兩，這就是正直；人前這個相，人後沒兩樣；我們對自已都真實不欺，自然對人也不致詐偽虛假；的確，活得真實才是比活得漂亮更為重要。

當然可以

兩個菸癮很大的信眾，一起向素以嚴苛出名的老禪師學習打坐，上課時因為專心致志，菸癮暫被抑制，可是坐完一柱香，就想利用休息時間抽菸，兩人商量不如請示禪師，看看可不可以抽。

師兄首先晉見，不久，微笑走出教室，對師弟說：

「輪到你了！」

師弟進去後，接著傳出怒斥與責打的聲音，然後鼻青臉腫狼狽而出，卻見師兄悠閒的抽著菸，他無比驚訝的說：

「哎呀！你還敢抽，我剛才請示師父，幾乎被打個半死！」

「你是怎麼請示師父的？」

「我問師父，休息的時候，可以可以抽菸？唉！沒想到師父反應激烈，就是不許！你呢？」

師兄得意的說：「我是問師父，抽菸的時候，可不可以休息？師父說當然可以！」

可當言者緩頰而陳，不當言者卷舌而退；言至腦際心要細，話將開口眼須活；故事中的兩兄弟，一樣的需求，不一樣的結果，關鍵就在表達，說話真是一門不容忽視的口頭傳心術。

言語是思想的衣裳，更是行為的影子；言語不但是人類心智的軍火庫，亦是教育文化的標準尺；言語妙在怎麼說和如何說；話一說出口，便知有沒有；出言不審，駟馬難追；失足尚可挽回，失言無法補救；一次適切得體的談話，就是最好的推荐函，也是廉價的廣告品。

言而無益，不若勿言；走路怕暴雨，說話怕輸理；劈柴看紋路，說話憑道理；善說話者不談本身利害；會說者常誇對方優點；好話要多說，是非不要談；明朗之語，收清正之果；委婉之言，具教化之效；同一言也，柔其音則聞者喜；厲其聲則聽者怒；贈人以言重於珠玉，傷人以言甚於劍戟；良言入耳三冬暖，惡語傷人十月寒；水深則流緩，語遲則人貴；言為心聲，說話確是代表了一個人的內涵與素質。

一句話使人跳，一句話使人笑；言而當，知也；默而當，亦知也；說話既是種能力，不說也是種智慧，說與不說都是種藝術；行事不可任心，說話不可任性；如何讓自已能說話，會說話，懂說話，我們就要在表達上檢討得失，我們也要從經驗中學習要領，畢竟，說話就是最直接的人際互動，也是最現實的人際交流。

人生就是戲

有個地方官員，頗具才幹，學識淵博，政績良好，總在盼求該縣知府出缺時，憑其真才實學順利遞補，但一直未能如願，就是得不到皇帝的賞識。

某次，皇帝出巡，在該縣鄉間迷路，正好碰到一個路人，遞杯茶引導脫困，沒想到這場殊遇，使得這個路人，意外的獲封知府職務。

這位官員知道後，大為感慨，寫了一首打油詩自嘲：

「工作拼命幹，辛苦誰人知，十年案牘中，何如一杯茶？」

後來皇帝知道後，也接了幾句詩：

「他才不如你，你命不如他，沒啥好嘆氣，人生就是戲！」

三混五混只要會拍就順，七搞八搞只要會吹就好；死拼活拼不如多送禮金，苦幹實幹不如常請吃飯；造化易弄人，命運常失算；這個故事，語多嘲諷，不無誇張，然古今中外這類實例，確也不少，往往英雄都為之氣短，又豈止這位懷才不遇的官員？

人在時裡，鰲在泥裡；人在運中，船遇順風；時來鐵成金，運去金成鐵；時來天地皆同力，運去英雄不自由；時來易得金千兩，運去難賒酒一壺；行船倒楣擱淺岸，胡豆背時遇稀飯；龍游淺水遭蝦戲，虎落平陽遭犬欺，得食貓兒強似虎，褪毛鳳凰不如雞；蛟龍未遇，暫居雲霧之間，君子失時，屈居小人之下；世態如棋局局新，官場似戲常常變；世情看冷暖，人面逐高低；一半治事一半運，一半人事一半天；世事由來多缺陷，際遇焉能免無常？

君莫傷時悲不遇，世上多少失意人；物換星移是正常，是非成敗豈可免；勿怨我不如人，世上不如我者甚多；勿嘆我在人後，天下後我者不少；將人比人，真是氣人；拿運比運，最是要命；此身常在淡中，榮辱得失，誰能左右我；此心放在靜處，是非利害，誰能影響我；大鵬一日同風起，扶搖直上九萬里；但得夕陽無限好，何須惆悵近黃昏；上天為你關閉一道門，必將為你開啟另一扇窗。

寵辱不驚，閒看庭前花開花落；去留無意，漫隨天外雲卷雲舒；比上雖不足，比下卻有餘；提得起，放得下，看得開，想得透；達則兼善天下，窮者獨善我身；能用我，他好運；不用我，我幸運；只要淡定我們就不寂寞，只要知足我們就不空白，只要超脫我們就已豐富，只要付出我們就已精彩；得之我幸，失之我命；縱使生命是首哀歌，我們仍要唱的：有聲有色！有模有樣！有板有眼！

我是怎麼說的

一對老夫婦坐在客廳看電視，老先生突然感覺口喝，對著老伴說：

「我要到廚房吃冰淇淋，妳要不要？」

「我也要，但請上面澆點巧克力，你最好寫下來，以免忘了！」老太太回答。

「不用寫，我記了！一份冰淇淋上面加點巧克力！」

「對，還加加些果仁，記得嗎？」老太太再度叮嚀。

「當然，沒問題！」老先生吹個口哨，俏皮的說。

「謝謝你，頂上還放個櫻桃，ok？」

「ok！都記住了，放一百個心！」

於是，老先生在廚房一陣忙碌，最後，端出兩盤抄雞蛋和果凍出來。

老太太一看，勃然大怒，說：「你瞧瞧，我是怎麼說的，你就是不肯寫下來，你看，果然忘了烤麵包，還有加片吐司！」

注意係記憶之父，記憶為才智之母；失根則萬物不長，失憶則一事無成；老夫婦兩人的記憶力都很糟糕，令人莞薾，記憶真是一切腦力勞動的必需品。

記憶是行動的驅程式，記憶是精神的儲藏庫；記憶是知識的唯一管理人；記憶是一切事物的守護之鑰；記憶是相會的一種形式；一切生活智慧的根源都在記憶；一切知識都敵不過記憶；正是由於記憶，知識才深化，從而生出意義；如果不記得許多事物，人生根本無法繼續；記憶誠為所有知識的容器與刀鞘。

記憶的正當方法是留心；口記不如筆記，心記不如勤記；對問題考慮愈深入，記憶也愈牢固；強烈的情緒會有特別的記憶；有污點的記憶是種毒藥；健全的記憶則能增進健全的生活；興趣是增強記憶的促進劑；運動是維持記憶的強力丸；只擁有過去的，是沒有未來；記憶壞得記不起昨天的煩惱，那才是好記憶。

再美好也經不住遺忘，再悲傷也抵不過時間；記得全部也好，最好記住重點；記得過去也好，最好記住現在；是的，最美好的記憶，是擁有而不是長久；最深刻的記憶，是追尋而不是回顧；最幸福的記憶是感恩而不是得到；最需要的記憶是展望而不是懷舊；最永恆的記憶，才是放下而不是執著。

可以宣戰

有兩個國家交惡，戰爭前夕，甲國為了是否發動戰爭而爭執不休，其中一位國防官員，決定親往敵方，以探虛實。

「歡迎閣下來訪，請參觀敝國軍艦！」

乙國明知其來意，故意展示強大武力，企圖先挫甲國之銳氣，所以在回電中，同章提供軍艦參觀。

「可否讓我參觀各個角落？」甲國官員詢問。

「當然可以！」乙國自信的同意。

甲國官員一面稱讚軍艦武器精良，同時，非常自然的到處順手摸摸碰碰，回去後，脫下潔白的手套一看，又黑又髒，於是立刻晉見國王，報告：

「可以宣戰，請下決心！」

此役，乙國果然大敗。

戰陣不整難以安後，軍務不潔無以支前；豐收要靠勤勞，健康要靠衛生；軍艦死角的髒亂，顯示了乙軍：訓練不足，管理不周，紀律不嚴，處置不當；從小地看大局，在微處見顯跡，勝敗誠可預判；整潔確能彰顯文明的程度以及文化的素質。

整潔為強身之本；衛生乃健康之要；整潔是最佳的風水與福地；整潔是教養的表徵，髒亂乃落後的證明；健康最簡便之道，厥為清潔；整潔勝於美貌，髒亂滋生病媒；清潔一點，舒適一片；乾淨一塊，愉悅一心；勞動是財富的基礎，整潔為健康的要件；一噸黃金不若一盎司衛生重要；由人的清潔衛生，即可窺知其品味與氣質；整潔誠乃最穩當的廣告，也是最基本的效率。

整潔是種紀律；隨手做環保，髒亂一定跑；日光不到之房屋，則醫生常到；器皿質而潔，瓦罐勝金玉；環境清而爽，寒舍抵宮殿；灑掃庭園，要內外清潔；料理飲食，要始終衛生；窗明儿淨，精神必振；容光煥發，情緒必佳；有花有草，不摘花草；無花無草，栽花種草；手下留情花似錦，腳下留意草如茵；物不淨則多蠅，食不潔則多病；地板骯髒，就賺不了錢；環境紊亂，就健不了身；有條不紊最能幫助記憶；具有整潔的秉性，身心才得均衡健全。

質不在精美，無垢即光鮮；物不在新穎，無塵即亮麗；花兒用美麗裝扮世界，人類用清潔打理環境；清不了垃圾，藏不住髒亂；我們唯有落實教育，整潔的觀念才能普遍化；我們唯有付諸行動，清潔的習慣才能生活化；誠然，一物之不整，何來創業立功事？一室之不治，何以天下國家為？

當初給的是補藥

有個倔強任性的媳婦，實在受不了婆婆百般的刁難與排斥，亟思報復，於是請教朋友研究，如何在不露痕跡的情形下，將婆婆毒死，以消心頭之恨。

「好了，給妳！」朋友拿了一大包慢性藥粉，但鄭重的叮嚀：「記住，一年之內，跟婆婆一起時，絕不可像以前那樣，老板著臉色，否則，一旦露出破綻，後果堪慮！」

媳婦藥倒入婆婆的菜湯後，從此依計行事，每當婆婆嘮叨時，想到不久就好過，未語先就笑，百依百順，久而久之婆婆也感受她簡直變了個人，因此也不再挑剔，一想到媳婦笑容可掬，打心底喜歡，到處誇讚。

一年快過了，她發現婆婆原來並非其想像，這時知道自己錯了，急忙再找到朋友，說明經過後，苦苦哀求：

「拜托，請給我婆婆解藥。」

「我就知道這個結果，好在初給的是補藥！」

心狹的人，恨著忘了笑；量大的人，笑著忘了恨；臭臉最醜，愁容最皺，只有笑靨，最受歡

迎；微笑若浮在臉上，好話必含在嘴中；微笑，化解了彼此的敵意，也遽增了相互的好感；彌平這對婆媳之間的裂痕，毋庸置疑，就是親切的微笑所致；微笑真是兩個人之間最近的距離。

笑是美的姊妹，也是善的良友，更是愛的伴侶；笑是禮貌之花，也是友誼之橋；笑是仁愛的表徵，也是快樂的泉源，更是心靈的音符；笑是最美的說帖，也是最好的良藥；笑容是人格的瑰麗，也是心靈的粲然；微笑是種無音的親切語言，也是種無聲的動人音樂；笑能卻病，也能強身；微笑是攻心的最佳利器；也是張得體的名片，以及有效的推銷；笑容是打破陌生的第一步；笑聲真是宇宙最文明的聲音；人與人之間真誠關懷的力量就叫微笑。

微笑是人類共同的語言；笑聲無國界；掛上笑容，你才算是穿戴整齊；即時的微笑最甜美，真摯的笑容最親切；一陣爽朗之笑，能使滿室生春；一個良善的微笑，誠最佳的贈言；笑一笑，十年少；愁一愁，白了頭；笑比電亮眼，比燈燦爛；成功時的笑，叫人親近；失敗時的笑，叫人尊敬；男人的微笑可以如夢，女人的微笑可以似花；人無笑臉休開店，面呈鬱容事難成；笑容不一定顯示在臉上，也可以表現在心裡；笑是可以把一盤蔬菜變成了一桌酒席，它真是人生旅途上的最佳通行證。

笑，世界跟著你笑；哭，就只你自已哭；當你微笑時，世界愛上你；當你大笑時，世界怕了你；惜寸寸光陰每秒，朝縷縷陽光微笑；漣漪是湖水的微笑，霞光是清晨的微笑，春風是大地的微笑，快樂就是我們的微笑；我們用笑妝扮，人生才美麗；我們用笑滋潤，大家才和諧；我們用笑互動，世界才會笑；常用微笑說話的人，絕對會有好運；微笑真是人類的特權。

只限一天

有個醫院主管鑑於病床有限，斷然要求病人住院一天後就必須出院，不論病情輕重與否，雖然病人苦苦哀求，他毫不心軟，經常造成病人病況惡化而歿。

這人死後，自知為人苛刻自私，擔心進不了天堂，經托人到處打點後，終於如願，判官告訴他說：

「我想我們可以讓你進來！」

「太好了！」這人雀躍不已，說：「我本來還有點懷疑，人人都指摘我太死板，不通人情，麻木不仁，現在您卻可以讓我進天堂，您果然仁慈，非常感激！」

「不錯！」判官說：「只限一天。」

自家痛苦已偏知，別人辛酸我那覺；寧伸扶人手，莫開陷人口；救人需救急，施人當施危；這則寓言，不無嘲諷，平時不肯幫人，急時別人不幫；能夠助人而不助人的人，終究會自食惡果。

助人為快樂之本，助人是人格昇華的標誌；求人的手心是向下，助人的手心是向上；助人是世上除了愛之外最美麗的動詞；人最喜歡的事，莫過於對他的關切；助人一次，勝過勸人十次；利人的行為，可以遮蔽許多罪過；在花中採蜜汁，是蜜蜂的快樂，將蜜汁送蜜蜂，也是花的快樂；與人方便，已亦得緣；助人快樂，你更歡愉；當你在為別人行善，也是在為自已積福；輔車相依，唇亡齒寒；一個籬笆三個樁，一個好漢三個幫；人踩人，都是草；樹靠樹，吹不倒；別忘了當你把別人拉下時，你必定是處在下面的。

大欺小，不公道；大幫小，呱呱叫；土，相扶為牆；人，相扶為王；已之溫，當思人之寒；已之安，當思人之難；衣人在寒，食人在飢；做人做到底，送人送到家；多下及時雨，少放馬後砲；雪中送炭真君子，錦上添花濫好人；助人已愈有，與人已愈多；與其為無利，以求冥福；不如為有益，以積陰德；待有餘而後濟人，必無濟人之日；待有暇而後助人，必無助人之時；沒有人富有得可以不要別人幫助，也沒人窮得不能給他人幫助，推已及人，以已度人，確是使人快樂的不二法門。

相知在急難，獨好又何益；欣然助人，歡喜便是報酬；慚然利已，羞愧則是報應；有益於人，無損於已，我們當樂而為之；有益於人，稍損於已，我們亦勉而為之；有損於人，無益於已，我們絕不可為，徒益於已，全損於人，我們更不能做；是的，施比受有福，我們想快樂一小時，去打個盹；我們想快樂一整天，去唱個歌；我們想快樂一個年，去中大獎；我們想快樂一輩子，那就去助人。

吃午飯囉

教官向一班學員，講授領導與管理。

他點名其中一位，給了一道題目：

「現在開始你來領導本班，令大家全部自動走出教室，切記！要大家心甘情願！」

這個學員不知所措，回到座位。

第二位被叫到的學員，他是這麼做：

「教官要我命令你們出去，聽到沒有？」全班居然沒有動。

第三位是這麼做：「各位，教室要打掃，請各位離開！」但仍有一些在室內，值日生在待命掃地。

第四位看了題目後，微笑對大家說：「好了！各位，現在下課了，要吃午飯囉！」

不出數秒，全教室的人都走光了。

與其力服，不如德召；與其強調結果，不如講求方法；強之群議所惡，絕對沒有獎之眾情所喜有功；驅之群議所怨，絕對沒有激之眾情所樂有效，這就是領導。

領導是團體動力的樞鈕；也是團結人力的關鍵；兵隨將轉，名師出高徒，強將手下無弱兵；領導不是你能左右多少人，而是多少人能在你左右；最佳的領導型態，是人性化的民主方式，而非兩極化的獨裁或放任；最好的領導效應，是幾何式的乘除效果，而非算術法的加減結果；領導就是影響人群完成使命的深奧藝術。

領導重在德的教化與心的感召；妙在見微知著與通情達理；領導是跟我來而非你去做；領導是作之君，作之師，作之親；領導不可任已意，而要悉人情；統御不可擅已見，而要合事理；不近人情難服眾，不明事理難得人；以身先之，不令而行；以身勞之，雖勤不怨；上以誠服下，下亦以死報上，上以禮待下，下亦以忠事上；和眾要推心置腹，合群須開誠佈公；有功不可攬於已，有過不能卸諸人；愛是領導統御之母，做領導的人，本身就是僕人。

善治人者能自治，善為人者能自為；領導者的速度，就是團體的速度；最好的領導者，就是最好的被領導者；卓越的領導豈止是天成，而更是學成，優異的統御豈止是知識，而更是知人；在我們想當個稱職的領導者之前，先學做個稱職的被領導者吧！

的確不像人

有一對師兄弟，師弟為人不拘小節，酒肉不戒，師兄則是不苟言笑，莊重方正，這天，師弟正在喝酒，師兄經過，即邀其共飲被拒，旋即脫口而出，說道：

「師兄，連酒都不喝，真不像人！」

師兄聽到，轉身怒道：「你敢罵人！」

「我並沒有罵你啊！」師弟迷惑的說。

「你說不會喝酒就不像人，這不是明明在罵我嗎？」

「是啊！你的確不像人！」師弟緩緩的說。

「你說，這還不是罵我？哼！」師兄一氣之下，拂袖而去，從此不往來。

事後，有人埋怨師弟，怎可說師兄不喝酒即不像人，師弟依然說：

「他是真的不像人，像佛，滴酒都不沾！」

言者無心，聽者有意；一個意在讚美，一個心存芥蒂；檢討兩人的摩擦與誤會，顯然，相互間的溝通，出現了短路，造成了爭論，在一般人的周遭，不乏此例，令人遺憾。

爭論是兩個觀點之間，最遠的距離；誤會造成衝突，衝突擴大誤會；商討可以互通有無，但爭論卻什麼都得不到；在這個世界上，沒有永遠抗拒的敵人，只有頑固不具彈性的溝通者。

溝通不是把自已的期望，變成別人的應該；不是在取得勝利，而是在解決問題；同中存異，異中求同；倘若智而用私見，不如笨而從公論；如果必須反對，那是引人注意，不是叫人忿怒；溝通是蠶食不是鯨吞，是協調不是強迫；溝通時很重要的是權利暫停；溝通的前奏曲：沉默，點頭，微笑；溝通的進行式：傾聽，解析，重整；話不說滿，路不走絕；留得幾分情義在，預留空間好迴轉；成功的溝通一定有你有我還有我們。

釋懷疑為良友靠溝通，化隔閡為知已賴協調；好辯以招尤，未若研討以求全；逞能以誨妒，不如溝通以示好；逢人扞格不入，我們何不再談談；遇事窒礙難行，我們何妨多問問；凡事爭論陷僵局，你也煩惱，我也煩惱；遇事溝通好說話，人也舒坦，心也舒坦；溝通不就是人際關係的摘心術嗎？

多少錢儘管說

老趙的兒子在學校，眼鏡被同學打碎，眼角也流血，老師裁示要對方全部賠償，老趙不忍心那孩子負擔這麼重，私下告誡兒子轉知對方只要幫助敷藥即可，眼鏡不用賠，第二天，兒子沮喪的回報：

「爸！那位同學不領情，他說你爸爸在敲詐！」

老趙為澄清誤會，只好親自聯繫其家長，在電話中解釋，剛表明身份，那孩子的母親，迫不及待的問：

「怎麼回事？是兩個人在打架？還是兩個人在遊戲？」

似乎毫不知情，於是，老趙又將整個情形略述一遍，但話到一半，那位母親就打斷話，說：

「哦！小事一樁，沒關係，要多少錢儘管說，我不會和我兒子一樣沒見識，明天來拿，我現在非常忙……」

每見待子女，親近者常成大器，縱容者每為庸才，此皆父母教育之所致；又見有子女，聰穎者淪入不屑，頑劣者表現良好，率多為父母影響之所然；寵子未有不驕，驕子未有不敗；愛其子而不教，猶如不愛；教而不以為善，猶如不教；故事充分暴露了現代社會的親職教育，嚴重失調，為人父母，不可不慎。

子女是映照父母行為的鏡子；子不教，父之過；教不嚴，師之惰；父母之教不先，子女之率不謹；收獲之豐歉，本諸大地；子女之優劣，本諸父母；生育重要，教養尤甚；教是為了不教，管是為了不管；子弟有才，制其愛毋弛其誨，故無驕敗；子弟不屑，嚴其誨毋薄其愛，故無怨離；欲高門弟須己為善，要好兒孫應身作則；父母之德行，真是兒女最好之資產，也是子女最早的啟蒙老師。

教養重啟發，主在變化氣質；撫育要雕琢，主在培養性情；性雖善，待教而成，習雖蠢，待教而化；愛而不溺，慈而不縱，嚴而不苛，威而不猛；啟發要比強制好，示範會比說教行；賞識使孩子成功，抱怨使孩子失敗；好孩子是誇出來的，壞孩子是逼起來的；教子以言者，其感不深；教子以行者，其應必速；姑息子弟偷安，其後必至耽酒色而敗門庭；教導兒孫圖利，其果必致爭財貨而傷骨肉；自古英才多磨難，從來紈綺少偉男；勵以志，弗勵以辭；勸以正，弗勸以詐；示以儉，弗示以奢；貽以言，弗貽以財；成功的教養，是虎父無犬子，失敗的教養是母強子卻弱；留子女一屋財富，真不如給一世智慧。

問祖宗之德澤，吾身所享者是，故當念積累之難；問子孫之福祉，吾身所貽者是，故要思傾覆之易；再窮也不能窮教養，再富也不能富孩子；溺愛享樂釀苦果，勤勞素樸造英才；當然，父母是弓，子女若箭；我們言行若有不當，子女舉止必定不良；我們心思若有缺失，子女動作亦出錯誤；是的，成家勿謂當家易，養子應知教子難；失去多財富不算貧，教出好子弟才是福。

幫你報了名

有個老婦人參加社區學校，第一次上課後就悶悶不樂，原來她是班上年紀最大的學生，同學幾乎都是年青人，相形見拙，她頗覺慚愧，加上大家表示敬老，一致推選她為班長，讓她更加惶恐，丈夫只有勸慰鼓勵，這種年紀求知，已經是非常了不起的事了。

這天，課後回到家，她一反常態，神情歡愉，眉飛色舞的告訴丈夫：

「終於，班上有個年紀比我大的學生要來了！」

「真為你高興！妳再也不用為年齡難過了！」

只見老婦人略帶歉意的說：

「是的！今天我已經幫你報了名。」

活到老，學到老，學到老，學不了；自學是最好的加油，自修是最佳的充電；學習不在學校，而在人生；進修不是一時，而是終身；這則笑話，逗人省思，知識浩瀚無窮，沒有年齡限制，是需要終身不懈的學習。

學習是進步的伴侶；學習是人類一種最富有利益的投資行為；學習可以保持年輕，可以增加興趣，可以容忍相反意見，還可以達到理想之境界；學習比素資更重要，學習比教導更安全；學習的眼睛如明燈，文盲的眼睛像黑洞；學習提供了人們最大的壓力和最大的熱情；好學的人，長保朝氣蓬勃，肯學的人，永不孤獨。

劍雖利，不厲不斷；才雖美，不學不高；有才不學，如巧匠無術，不能轉物；有智不習，如巨賈無方，不能積貨；黑髮不知勤學早，白首方悔讀書遲；學習的苦痛是暫時的，未學習的痛苦是終身的；投資未來的人，就是忠於現實的人；三人行必有我師，學然後知不足；學習這件事不是缺乏時間，而是缺乏行動；拘束與傲慢，學不到知識；好問的人，一無所失；畏於發問者，羞於學習；學習要虛心，別裝明白人；學則在其悟，修則在其真；急著學總比晚著學好，晚著學總比不學好；由習而得的成就，比生來就有的更為優秀；老而無知較之少而不學，尤為痛苦；不學習的人，簡直就是個不長穀物的荒地。

笨鳥先飛早入林，笨人勤學早成材；安排自已能獲得享受，充實自已能獲得擁有，提升自已能獲得幸福；書到用時方恨少，學得好處不嫌多；當我們覺得學習為時已晚的時候，恰恰正是最需要追求的時候；如果此刻打盹，我們可能還在做夢，如果這時學習，我們可以很快圓夢，是的，學海無涯，學無止境；進修永青春，開卷必有益。

那裡可以容他如此

有個頑童年紀輕輕，壞事樣樣來，父母難以管教，就送到一座禪寺，希望透過晨鐘暮鼓，加以潛移默化，但其依然故我，劣跡不改，以致引起眾僧排斥，請求師父處理。

「好，我瞭解！」師父說。

經過數日，師父並無懲處的表示，而頑童益形囂張，眾僧大表不耐，一致要求逐出門牆。

「好，我處理！」師父說。

又過了一段時間，頑童變本加厲，寺外輿論也頗多非議，眾僧忍無可忍，集體到師父面前抗議，不趕走頑童，大家就離去，師父聽後，說：

「你們要想離寺，只好請便！」

「師父啊！什麼原因，讓您這樣決定？」眾僧們大感吃驚的問。

「因為你們學佛有成，離寺後，到處受歡迎，但把這孩子趕走，那裡可以容他如此！」

眾僧慚然，頑童從此痛改前非。

幼苗茁於栽培，孩子成於教育；鐘不敲不鳴，人不教不懂；井要掏，人要調；人之初生，不食則死；人之幼稚，不學則愚；雜草除根要儘早，孩子教育要從小；師父的慈悲，彰顯出一個教育者的偉大風範，徒墮不棄，子劣不離；教育即是這一代欠未來各代的債務，人也完全就是教育的產物。

教育是人的第三隻眼；教育是社會生活的工具；教育是預防暴力的疫苗；教育是培養獨立思考解決問題的能力；教育是把偏見從喉嚨吞下的課程；教育是從樹上摘取果實所須的梯子；教育是要人有智慧的活著；教育是人生奮鬥的一種準備；教育是國家的防禦力量；教育是種早期的習慣；教育不是注滿一桶水，而是點燃一把火；教育的根是苦的，但是果實是甜的；只有受過教育的人，才是自由。

非學無以廣才，不育難以成學；幼是定基，少是勤學；十年樹木，百年樹人；教人者，成人之長，去人之短；治水要因其勢，教人必因其性；生活即教育，教育即生活；關愛是教育之父，師範乃教育之母，言教不如身教，職教未若智教，好孩子是教的，壞孩子是慣的；多辦一所學校，少建一座監獄；教育在使人知道自我教育；沒有那種教育能及得上逆境；教育不在使人知其所未知，而是按其所未行而行；教育的態度，既是要溫和又嚴格，也要保守又開明；教育的宗旨，不是教成嚴肅的蠢蛋，而是育為聰明的傻瓜；教育的功能，不是在掙得很多個麵包，而是在使每口都香甜；教育的目的，就是在改良人性與培養健全人格。

雖為良劍，不鍛鍊則不鏑；雖為良弓，不培育則不正；教子教孫須教義，積善積德勝積錢；牛要耕，馬要騎，孩子不教就調皮；人皆貪慾好嬉戲，君莫圖利忘教育；耕種不好害一春，教人不好害一生；教育的美意，為人師表，不能不懂，因為千教萬教，就是教人求真；教育的用心，為人學生，不可不知，因為千學萬學，就是學做全人；何況，我們如果不能教育自已，那也就不能教育別人！教育就是良心事業。

潑盆冷水到他臉上

有一座大樓失火，場面驚心動魄，有個消防員奮不顧身，到頂樓救火，看到牆角躺個大胖子呼呼大睡。

他過去搖醒他，可是怎麼叫都叫不醒，要背下樓也背不動，急得滿頭大汗。就在這時，隊長來了，目睹窘狀，不慌不忙地說：

「你怎麼這麼傻，只要把一盆冷水潑到他臉上就行了！」

消防員照做，胖子一驚而醒，睜眼一看，左右都是火，馬上拔腳逃命。

消防員立即輕鬆的指示他：

「從那個樓梯跑比較快！」

大胖子就這樣逃過一場浩劫。

幫助他人，僅是治標；幫他自助，才是治本；胖子的火中脫險，仍賴自已的快步逃命，而非別人的背負避難；就輔導的觀點而言，與其送他一條魚吃，毋寧教他如何捕魚。

輔導是助人的藝術；是在助人自己解決問題，而非替人解決問題；是教人如何去思考，而非幫人去思考如何；輔導不但是助他知道如何生活，更是幫他知道為何生活；輔導不但是教他知道他們所不知導的東西，更是教他做到所沒有做到的事情；輔導不是要當完美的大樹，無微不至的照顧，其實是傷害；輔導是要做及時的陣雨，對症下藥的滋潤，方稱是幫助；輔導真是一種人與理想之間的關係。

成功的輔導是和而不同，是培養而非移植，是發展而非鑄造，是引申而非灌輸；是在發揮同理心，而非表現同情心；是在當個稱職的產婆，助其如意；而非做個嘮叨的雞婆，招其反感；什麼饅頭什麼菜，什麼客人什麼待；鼓勵同化與調適，以減輕壓力；講究諮商與溝通，以拉近距離；尊重個性，兼顧群性；激發潛能，併重才能；堅持理性，亦要感性；最有效的輔導，就在促其認清自己，從而統整自己，最後實踐自己。

世上本無常照月，天邊還有再來春；生命是靠自己的努力而輝煌，生活是靠自己的實現而豐盈；輔導只是過程，實踐才是目的；自助而後天助，自助方得人助；給我助力，我們一樣要努力，沒有助力，我們還是要盡力；是的，輔導不是絕對的，自助才是永恆的，自助方能助人，自立始可自強。

你是如何運用

有個企業家事業非常成功，享譽工商界，大家對他的崛起與奮鬥，尤其好奇，這天應記者之邀接受採訪。

「聽說，你二十年前來到這個大都市，口袋裡只有五十元，就這樣白手起家，一路順風，這是真的嗎？」記者問。

「不錯。由於那五十元的運用，我才倖免飢餓，同時，也創造了今天的財富！」企業家答。

記者肅然起敬，繼續追問：「這麼說，那五十元該是最初的投資了，請問你是如何運用的？」

企業家抬頭望著天花板，回憶當年第一天初來乍到的情形，說道：

「當時，我立刻緊急拍電報給鄉下的父親，上面寫著，請趕快寄錢來，這五十元就是電報費！」

錢為是非根，財是哀樂源；錢雖然不是萬能，但沒錢萬萬不能；有錢可使鬼推磨，無錢亟易鬼打牆；這個笑話，饒富趣味；如何賺錢在方法，如何富有在努力，如何發達靠機運，但是，如何運用就靠智慧。

錢是最好的僕人，也是最壞的主人；人為財死，鳥為食亡；財聚人散，財散人聚；錢能福人，亦能禍人，人不能不知；財可利已，亦可害已，已不可不慎；捨不得錢，成不了器；捨不得用，成不了事；金錢說話日，真理緘默時；具敏銳之腦和勤勉之手，才是有錢的正當途徑。

有錢要想無錢時，莫待無錢想有錢；撈來的錢人人嫌，苦來的錢萬萬年；不義橫財能召禍，賭來暴利定難留；學識是金錢之母，技能是金錢之友；思欲得利，不如節流；意欲發財，即須開源；浪費難致富，節儉不致窮；空袋不直立，借債常洩氣；小錢不去，大錢不來；素貧在安，乍貧在忍，大富由命，小富由勤；有錢要懂得節儉，否則就會奢侈；有財要懂得施捨，否則就是吝嗇；黃金非寶書為寶，富貴無門智為門；語其錢囊滿，毋寧心地寬；快樂才是金錢，健康更是財富；靈魂的必需品，絕對是金錢買不到的。

本份賺錢眠也穩，虧心斂財夢何安；賺多賺少，能守就好；錢多錢少，夠用就好；有錢時，我們如能懷一個淡字，那將是何等自在！沒錢時，我們如能去一個貪字，這真是何等自足！其實，人最富有的，不是金錢而是知足；心最快樂的，不是珍寶而是簡單。

我是這樣在估計

一個新人當選議員，召開記者會，有人問他成功的秘訣，他說：

「我知道對手跟一般人都相處不好，所做所為，大家頗不以為然，所以就出來跟他競選！」

記者接著又追問：

「那你又是如何判斷你會勝利？」

「我是這樣在估計！」他思考了一下，說：「每個認識我的人，都會投他的票，而每一個認識他的人，都會投我的票！」

大家概略計算，原來認識那位議員的人，比認識他的人多出了很多。

你競我爭，我來你往，係人際互動之現象；為競選而投票，因認識而選出，誠人際互動的成果；這個笑話，固屬虛構，惟足以強調，生命是路，朋友是樹，樹多路直，樹大路蔭；人際關係確是左右人生事業與情感良窳的重要因素。

人際關係是人與人之間，藉由思想感情與行為，相互影響所形成的關係；亦是決定個人生活是否快樂以及適應是否良好的重要指標；人際關係不是有多少人能夠認識你，而是有多少人願意幫助你，不是有多少在你面前吹捧你，而是有多少人在背後稱讚你；天時不如地利，地利不如人和；店和招財，人和政通；一滴蜂蜜，要比一加侖膽汁，更能吸引蜜蜂；一個人走，走得快；一群人走，走得遠；和諧的人際關係，足可使人開啟所需能力的每一道大門。

人際關係主在增加相互熟悉度與擴大彼此相似性；以避免人際衝突為前提，以產生人際吸引為目標；重視印象整飾，講究精神互惠；溝通不可少，協調不可無；替人設想是要領，為人服務是方法；微笑是見面禮，傾聽是摘心術；招呼幾句話，見面三分情；善記對方姓名，以示真誠；欣賞對方興趣，以示尊重；肢體語言避免誤會，動作表情需要恰當；你要別人怎麼待你，你得先要怎麼待人；成功時最難得的是沒有敵人，失敗時最可貴的是還有朋友；融洽的人際整合就是，喜歡別人也讓別人喜歡；你好我好他也好。

他敬我一尺，我還他一丈，他刺人一次，人恨他一世；做人難，做事易；得人難，失人易；我們要得人和，就當由衷從舉手投足上，表現寬和；我們要有人緣，就該立即在應對進退中，認真結緣；人，要互相幫助才覺溫暖；路，有人同行才會精彩。

牛怎麼會叫痛

有個老師教學認真，頗富盛名，每在學期上課前，都會出道題目：

「有兩頭牛同時經過一條很狹窄的巷道，一前一後，但後者急於追趕，於是用角頂撞前者，希望讓把路讓出來。」

說完後，環顧大家，問道：

「請注意，我的問題是那頭牛會叫痛？」

「很簡單，前面那頭牛！」有個學生搶答。

「不對？」者師搖搖頭。

「那一定是後面那頭，因為有可能撞到石頭了！」

「也不對！」老師說。

這一句，那一句，最後有個學生舉手，頗為肯定的說：

「老師，顯然是兩頭牛都會痛！」

「還是不對！」就在大家錯愕中，他微笑著說：

「標準答案是，牛怎麼會叫痛，要深入問題後，才有正確答案，了解嗎！」

物有本末，事有終始；不治其本，焉有其末，不知其始，焉得其終；沒有瞭解問題所在的答案，何殊不能對症下藥的處方；毋庸置疑，科學教育的精神與態度，就在縝密的思維程序以及周延的邏輯概念。

理性的思維乃邏輯的基礎；倒果為因，難以合情；捨本逐末，無以推理；知之深，行之著；思之透，抓之準；正本方清源，根深方蒂固；提綱則衣正，契領則裳整；塞水自其源，伐木自其根；物格然後知致，知致然後意誠；先後有序，內外有別；方向有偏，結果必失；前提有誤，結論必錯；每個人都抱怨他的記憶力不好，沒有人在檢討他的判斷力不夠；人們不是找不到解決方法，而是看不見問題所在。

慮其遠而謀其初，思其始而成其終；有無相生，難易相成，長短相形，高下相傾，音聲相和，前後相隨；一番思考，一個判斷；一段比較，一場結論；要先參透為何，才能迎向如何；厚其所薄，薄其所厚，能者所不為；緩其所當急，急其所可緩，智者所不取；研析大千，須窮其性，綜合萬象，務究其緣；挑出偶然性，找出盍然性，定出必然性；透過理則，利於歸納；運用辯證，便於演繹；所謂能力，與其指為高深的學問與卓越的才幹，毋寧說是均衡的推斷與清晰的思維。

熟思見其細，精算得其當；我們在下決心之前，何妨先不作決心；我們在做瞭解之前，何不再做深入；如果輕率的想當然，必將後悔的作決定；的確，我們之所知，乃出於不知；我們知之為知之，不知為不知，這才是是知。

請務必要相信

有個探險家在深山迷路，食物耗盡，急得四處找水喝，無意中發現一座裝有手動幫浦的深井，狂喜之餘，他用力搖動把手，但卻不見半滴水，他失望的虛脫倒地，但又看到井邊，放著一只盛滿清水的罐子，他拿起來就要飲啜時，目光被罐上的幾行字所吸引。

「把這罐水從幫浦上端注水口倒進去，再搖動手把，就可汲出井水。」

「姑且就相信一次吧！」他將信半疑，痛苦地掙扎好久，心不甘情不願的說。照做了後，果不其然，不過搖動幾下，井水即源源不斷的由幫浦龍頭湧出，危機解除了，他解了渴並裝滿水壺後，不忘將那隻空罐也加滿水，臨走時，又特別在原字跡旁，補充了幾個字：

「請務必！務必！要相信！」

以銅為鑑，可正衣冠；以史為鑑，可徵興替；以人為鑑，可知得失；從別人的遭遇中得到借鏡，從自已的經歷中學到教訓；這就是經驗；探險家的絕處逢生，證實了經驗的寶貴，殊值參考。

經驗乃最精的學問，亦是最好的學校；經驗是知識之父，也是受苦的結晶；失敗得到教訓，成功得到經驗；經驗是從痛苦所提煉的精華；經驗是良師，只是學費較貴；經驗可以節省勞費，也可教訓愚人，更可改變許多品格；經驗是思想的結束，思想是行動的結果；走過一次的路，就沒有那麼長；最能改變未來途徑的，莫過於以往的經驗。

前事不忘，後事之師；前車覆，後車戒；不經一事，不長一智；上一次當，學一次乖；經一番挫折，長一段見識；見過不如做過，做過不如錯過；問路兩次總比迷路一次來得穩當；不聽老人言，吃虧在眼前；老薑辣味大，老人經驗多；摔交之後，才會走路；人欲自照，必須明鏡；主欲知道，必借忠臣；經驗雖無法判斷一切，但最起碼累積了經驗；愚蠢人遺忘經驗，普通人購買經驗，聰明人善用經驗；最平坦的路，就是你已經走過；經驗的確可以使人變為先知。

挫折可以增長經驗，經驗能夠豐富智慧；記憶若為才智之母，經驗則是才智之父；經驗雖不是最可敬，但卻是最可靠；經驗能叫人聰明，吃虧能叫人慎行；酸甜苦辣對我們而言，都是營養；成敗得失對我們而言，更是經驗；經驗製造一切未來，也是所有過去的成果；我們妥善運用，它便是我們最好的朋友；我們疏忽放棄，它便是我們最壞的敵人；成功的人會跟別人學習經驗，失敗的人只向自已學習經驗；沒有失敗經驗的人，是不會成功的。

請兌現諾言

古時候，有一個小國遭受鄰國渡海侵略，文武百官一致決議堅守防禦，只有一個幹練的林將軍主張以退為進，乘敵海上兵力前後分離之際側翼奇襲，果然獲勝，因此，為鄰國國王所痛恨，竭盡離間分化手段，順利的迫使小國驅逐林將軍離境。

接著，認為報復時機成熟，於是下達了全面通緝令：

「凡活捉林將軍者，賞黃金萬兩，賜千戶侯，決不食言。」

這時，林將軍彷若喪家之犬，有國難歸，倒處是敵，驚惶之餘，他斷然前往鄰國晉見國王：

「我就是林將軍，現在，我把貴國通緝要犯林將軍活捉到您面前了，請兌現諾言。」

就這樣，他轉危為安，並成了富甲一方的千戶侯。

置之死地而後生，陷之亡地而後存；林將軍成功地化險為夷，固然是很有傲人的智謀，重要的是更有超人的膽量；凡事具有非常的勇氣，然後才有非常的事業，洵非虛言。

勇敢是處於逆境時的光芒；勇者無懼，吠犬之用，勝於雄獅；一磅之勇氣重於一噸之運氣；考驗一個人的勇氣，不是看他怕不怕死，而是看他敢不敢活；勇氣也是窮者的財富，更是弱者的武器；如果你是懦夫，你就是自己最大的敵人，如果你是勇者，你便是自己最好的友人；凡有膽量的人，互先獲得冠冕。

勇敢不是衝動，更非冒進；慷慨赴死易，從容就義難；見義不為非勇也，戰陣無勇非孝也，君子有勇而無義，為亂；小人有勇而無義，為盜；大勇若怯，大勇不鬥；一個人缺少勇氣，即使拿著石頭和火藥，也不會用；大膽產生勇氣，多疑造成恐懼；有勇而無遠識，比有遠識而無勇還糟；勇氣是與深思和決斷為伍；勇氣不是靠嘴巴叫囂，而是以行動證明；真正的勇敢，不在轟轟烈烈的無畏，而在平平常常的不屈。

沒有風浪，顯不出水手的腕力；不是危急，試不出將士的勇氣；勇氣通往天堂，怯懦陷入地獄；未經過長夜，不足以語人生；不遭遇試煉，不足以論英雄；臨急臨難，我們與其閃避不前，何不提起膽識，奮力突破；逢凶逢危，我們與其畏怕不進，何如鼓足勇氣，拚力擊敗；如果你是懦夫，你就是你自己最大的敵人；如果你是勇者，你就是你自己最大的朋友；人生原是一場勇敢的挑戰，成功就是勇敢的報酬。

當場放了人

從前有個書生很有學問，文思敏捷，但大而化之，這天，誤入皇宮附近禁區，被守衛逮住，要治他的罪。

「我是秀才，誤闖貴寶地，誠無心之過也，請多包涵，感激不盡！」

守衛一看是讀書人，不無吃味，故意刁難，說：

「看你樣子，學問很好，書讀不少，如果，你現在只用一個字，可以叫我佩服，我就放了你，否則，照罰！」

書生心中有氣，思索片刻後，脫口而出：「屁！」

「什麼意思？」守衛一臉錯愕。

「放，也由你，不放，也由你！」

守衛呆了一下，突然哈哈大笑，雖然明知他話中帶刺，但實在不得不佩服，終於，當場放了人。

有學問便有知識，有知識便有方法；學以聚之，問以辨之；狡詐的人輕視學問，單純的人嘆服學問，聰明的人利用學問；這個書生學以致用，一語雙關既洩憤，一言搞笑又脫困，雖然機鋒之能，不登大雅，但是，學問的確具有無上的權威，足以扭轉一切。

學問者，繁華之裝飾，成功之跳板，貧困之糧食；學問是心靈的眼睛；也是人類進步的階梯；質有智愚，非學無以別其才；才有全偏，非學無以成其用；無識難辯疑，不學難明理；胸中無學問，猶如手中無金錢；惟學問始能洞悉世界之一切；藝精者技必良，書癡者文必工；讀書之於精神，猶如運動之於身體；學問就是道路，學問就是力量。

立身以力學為本，力學以讀書為先；事非經過不知難，書到用時方恨少；不能則學，不知則問；好問的人，只做三分鐘愚人；恥問的人，要做一輩子蠢人；學然後知不足，問然後始明白；學而不思則罔，思而不學則殆；非學無以致遠，非問無以廣識；為學宜剛，不剛則墮；求學要恆，不恆則退；讀書從來無捷徑，循序漸進登高峰；學必求其心得，業必貴其專精；研究是開放學問的鑰匙；學問最重要的是實際與實用；學問的奇妙，就在真心渴求者，必然會得到；無上的學問乃在辨別義和利；良善的秉性，經過學問就愈得改良；不讀書的人，思想就會停止。

讀書期於明理，明理期於致用；學歷是死的，學問是活的；讀書不達世務，則是迂腐；學問不通人情，便是呆板；千教萬教教人求真，千學萬學學做真人；洞悉世理皆學問，練達人情即文章；我們做到：好讀書，有學問，固然重要，但這只是過程；如果深化擴大到：會做人，能做事，那更至當；因為這才是目的。

要趕快拉繩

老黃設計了一個箱子放在地上，用木棍支起一邊，棍上繫著一條長繩，延伸到林中隱匿處，獵物在箱內啄食時，繩子一拉，箱子就罩住，全都跑不掉。

這天，他在林中守候，飛來十二隻野鴨，其中，十一隻已經進入箱內覓食。

「不急！不急！」他想：「還有一隻，乾脆一網打盡！」

但是，左等右等，最後一隻不但沒進來，反而有三隻走了出去。

「糟糕！」他懊悔的自責，決定這三隻只要有二隻再進箱內就拉繩，可是，箱內偏偏又有五隻出來，現在只剩三隻，他一直在觀望盤算，希望不要有變化，但又有二隻悠閒的走出來。

「不行！要趕快拉繩。」他一看不對勁，下定決心了。

就在這時，最後一隻也吃飽，跑到外面了。

拿定主意，主意定，便不惑錯；立定腳根，腳根定，便不慌亂；取道於等一等之途，將徘徊永不到之家；老黃的優柔寡斷，猶豫不決，印證了一個不能當機立斷的人，最後老是找不出最好答案的。

處世貴明，治事貴斷；舉棋不定，不勝其偶；該斷不斷，反受其亂；處事多疑，非智；臨難不決，非勇；果斷產生自信，自信產生力量；果斷非武斷，決心非稱心；果斷的信心，能使平凡的人，做出驚人的事業；機會青睞於果斷；決心垂愛於果決；衝動是藝術家的性質，果斷是事業家的品質；明快的決斷乃器識的證件；果決的力量，誠一切力量中之力量。

謀慮者，斷之始；勇敢者，斷之用；行事要主張抓得穩，治事要決心下得準；良機是稍縱則逝，機會只敲一次門；慎而可慮，慮而可決；寡斷者亟易由好變壞，果斷者能夠轉危為安；疑行無成，疑事無功；躊躇不決的為害，甚於錯誤的決斷；猛虎的猶豫，不若蜜蜂的致螫；騏驥之跼躅，不如劣馬之安步；艄工多，舟必覆；竟見多，事必誤；謀雖在眾，斷則在獨；謀慮資於眾人，決斷在於一將；明快足養人望，果斷可決人疑；處世要正直而圓融，治事要明確而果斷；決事如流，應物如響；逃避困難就是決斷力的喪失；唯一能改變主意的人，便是有了主意的人。

果決人似忙，心中常有餘閒；因循人似閒，心中常有餘累；具有迅速明確的決斷力，方見勇敢堅毅的自信心；謹慎雖好，但不可妨礙果斷，沉著甚佳，但不應影響明快；為免徒增心理的負擔，我們臨機就要速決；為免衍生精神的困擾，我們當機就要立斷；我們大膽，但不要大意；我們實幹，但不能蠻幹；我們果決，就千萬就不可錯決。

我已經試過

老張向朋友訴苦：「我的婚姻像一潭止水，再也沒有那種驚喜的感覺了！」

朋友建議，說：「何不找個情人添點生活情趣吧！」

「可是給太太發現了怎麼辦？」

「現在都已經是外太空時代了，腦筋還那麼古板，直截了當告訴她吧！」

於是，老張回家對太太說：

「親愛的，我認為有段婚外情，會使我們的關係為親蜜，妳看如何？」

他太太嘴角一翹，說：

「算了吧，我已經試過，沒有用的。」

陰陽和而後雨澤降，夫妻諧而後家道興；老張伉儷先後有意走私愛情，顯示婚姻狀況已經變了調，當夫妻生活亮起了紅燈，即是下一場家庭悲劇的開始，豈能不慎？

婚姻是兩個異性間完全的結合；需要共同的思想與意志，講求心靈的相契與共鳴；

夫妻是年輕時熱心的伴侶，壯年時勤勞的助手，老年時孤獨的朋友；愛情是一種神話，婚姻卻是一種的生活；神聖又美滿的婚姻，真是幸福人生的基礎。

婚姻的視覺，不是靠眼精，而是在心靈；只為金錢結婚，其惡無比；只為戀愛結婚，其愚無比；女人因為好奇而結婚，註定會傷心；男人因為疲憊而結婚，註定要失望；男人最需要賢內助，女人最怕是嫁錯郎；男子結婚造成一個結果，女子結婚變成一種開始；淑美的妻子，必得尊重；努力的丈夫，必得資財；丈夫要有男子氣，才能使妻子心敬；妻人要有女人味，才能使得丈夫心愛；夫不賢，則無以御婦；婦不賢，則無以事夫；男女鬧竟見，默恕兩字可彌；夫妻鬧竟見，讓忍兩字即解；沒有一百分的另一半，只有五十分的兩個人；溫馨的愛情，彼此體貼，相互開發；穩健的婚姻，一個裝聾，一個作啞。

選擇你所愛，愛你所選擇；夫妻同心，黃土變金；夫妻之間：相敬以禮，相愛以誠，相諒以恕，相助以勤，相濡以沫，何愁琴瑟不會和鳴！何慮愛河不能永浴；總之，婚姻就是：你中有我，我中有你；就是珍惜我該珍惜的人，真心對待愛我的人，感謝每天與我生活的人。

這裡沒有妳的餘地

有次佛陀在靈山弘法，一個孤苦清寒的老婦人獲悉後，不顧一切，跋山涉水，沿途行乞度日，步行了好個月，於在法會結束前夕趕到。

「請供奉香油！」比丘們提醒說：「燈油多，福報大。」

「我……我……我身無分文……」老婦人支支吾吾，滿臉慚惶。

「妳看滿山到處都是達官巨賈供奉的香油，又大又美，這裡沒有妳的餘地！」比丘們好意地勸她離去。

「不！」老婦人語氣堅決的說：「我願意剪光我的頭髮，換點錢，獻一盞，既使最小的也沒關係！」

終於，她勉強獲得在信眾外圍的一個小角落，席地而坐，虔誠的合十，內心無比滿足。

就在這時，突然一陣風雨，所有華麗的油燈都被吹熄，唯有她的微弱小燈，依然光明，遠遠的，老婦人依稀看見佛陀對她拈花微笑……

富者之施在蓄益，貧者之燈見丹誠；仙凡本無界，只在心上分，不惜膝行苦，一誠萬事通；這個典故，令人肅敬，最誠摯的心，才能永遠燃起希望的燈，精誠足使失意都可變成如意。

精誠是人性的最高法律；誠者，不勉而中，不思而得；朝聞道，夕可死；心懷赤誠強過漂亮有錢；權力與精誠相較，一噸僅當一半；精誠可使惡魔露出赤面；真誠足以開啟天堂所有之門；精誠是構成人格優質的原素；精誠乃價值世界的天平；真誠所在，通行無礙。

真誠的心，始可左右別人對你的觀感；不精不誠，不能得人；誠能移性，實能養行；口惠實不至，怨恨跟著來；對人赤誠，何況對已；對已虛偽，何況對人；與人以誠，雖疏必親；與人以偽，雖戚必遠；以真實肝膽待人，人縱未如願，日後必見我之肝膽；以詐偽心腸處事，事雖已得意，日後必知我之心腸；精誠可制虛偽，拙樸可制巧詐；精誠者既不怕光也不怕黑暗；要感人之心，唯一的辦法，就是以心感人。

愚無可奈唯求真，拙亦何妨只要誠；花紅不為爭春，春自艷；芯開不為引蝶，蝶自來；精誠所至，金石為開；雖然，我們並非聰明，但是可以做到真心；既使，我們並無權勢，但是我們可以具有誠意；精誠之最者，才是人類之王。

最靠近眞理與對方

有天，五根手指聚會，討論誰是真正的老大。

大姆指首先發言說：「五根手指中，我最粗大，排行第一，稱讚或優秀或說最好的時候，總是豎起我，老大非我莫屬。」

食指不甘示弱，急著辯說：「我才是老大，要知道食指大動，才能大快朵頤，何況，方向就是靠我，才能指示。」

中指不以為然，也說：「我最修長，有如鶴立雞群，我最適中，大家眾星拱月，這不就是老大的雄姿嗎？」

無名指火大了，大聲叫道：「哼！三位太膨風了，世上最珍貴的珠寶，套在我身上才夠份量，我才配稱是老大！」

小指在一旁，默不作聲，四指訝異的一起問道：「喂！你怎麼不說話，難道不想當老大？」

小指說：「各位都有顯赫的地位，那有我說話的餘地，只是，當我們合十禮拜或打躬作揖時，我是最靠近真理與對方。」

自傲是愚蠢的象徵，自滿是智慧的盡頭；有內涵的人，胸襟定是不凡，能內斂的人，才華決然不露；這則寓言，令人動容，謙卑的小指頭，雖然瘦小，但不渺小，因為不自大，所以最偉大。

謙卑乃靈魂神聖的面具；眼睛額上掛，到處惹人罵；小人自大，小雨聲大；好勝人者，必無過人處；喜耀人者，每有輸人事；思想驕，作風漂；氣忌盛，才忌露，心忌滿；滿招損，謙受益；滿必溢，驕必敗；自高無卑，無卑則先；自大無眾，無眾則孤；強中更有強中手，莫向人前自誇口；謙虛是修行的朋友，自滿是學習的敵人；不實心不成事，不虛心不知事；生長最快速的早枯；內斂真是生命中最長的一課。

地窪下，水流之；人謙下，德歸之；一爭兩醜，一讓兩有；若要精，人前聽；天外有天，人外有人；寧居無，不居有；寧處缺，不處完；大智若愚，大巧若拙，大辯若訥；能盈而不能謙，雖成必毀，知進而不知退，雖得必失；美麗不必借助脂粉；偉大不須使用吹噓；竹子長得愈高就愈彎；不自是者博聞，不自滿者受益；寬闊的河平靜，博學的人謙虛；愈是表現謙卑的時候，愈是接近偉大的時刻。

撥開世上塵氛，胸中自無火炎泳兢；消卻心頭爭念，眼前時有月來風到；花，姹紫嫣紅，卻只是曇花一現；樹，樸素尋常，卻可以百歲長青；我們倘有幾分光彩，何不內斂一點，這可養望；我們若有幾分成就，何妨退縮一些，這才養大；是的，豐滿的稻穗，總在低著頭。

佛有沒有生氣

有個虔誠的媽媽在觀音佛堂上香，接著唸佛打坐，心無旁鶩。

年幼調皮的小兒子玩累了，跑到佛堂，不斷搖著媽媽的手臂，叫嚷：「媽媽，我肚子餓了！」

「好，我等一下就弄給你吃！」

過了一下，不見媽媽行動，小兒子又進來。

「媽媽！媽媽！我肚子餓！」

如此幾次，最後，這位媽媽勃然大怒，責斥的說：

「你嚷嚷什麼！煩不煩啊！走開！」

小兒子滿臉委曲的嘀咕：

「媽媽！我唸你幾次，你就生氣，你在這裡唸佛唸了老半天，不知道佛有沒有生氣？」

迷者口唸，覺者心行；面上無瞋為敬神，心中有恚非禮佛；心平何勞齋坐，行直何須膜拜，修行！修行！遠看是佛，近看是愛；這個故事，適足說明修養和修行，正是一對孿生兄弟，互為表裡；如何提升自己的修養，才是我們信仰的真實意義與價值。

修養是種高貴的克己工夫，是種嚴以律己，寬以責人的優美氣質；修養形於外是，應對有禮，進退有節；修養蘊於內是，不感情衝動，不意氣用事；修養使惡得救，使善完美；修養可以培養德行，撫慰情緒，堅定意志以及充實智慧；厭煩的心緒，就是靈魂在打哈欠；具有良好修養的人，永無敵人。

修養重表裡一致；貪賤所難，不難在砥節，而難在用情；富貴所難，不難在推恩，而難在好禮；責人之非，不如行己之是；揚己之是，不如反己之非；人好剛，我以柔勝之；人用術，我以誠感之；人使氣，我以理屈之；包容別人，就是擴大自己；尊重別人，就是提昇自己；我恭可以平人之怒，我讓可以息人之爭；修心養性，真是需要任勞任怨與耐苦耐煩。

修養決定個性，個性決定命運；修養豈止是精神層面，更要在實踐工夫；既使我們一無是處，修養仍是我們最好的見證，縱然我們一無所有，修養仍是我們最終的力量；很現實的就是：沒有良好的修養，愁傷心，怒傷肝，激傷膽，憂傷肺，恐傷腎，煩傷脾。

啥事都沒有

有座寺院僧眾在晚課過後，喜歡品茶聊天，這天，香煙裊裊中，聊著聊著就睡著了，一覺醒來，彼此面呈沮喪，了無歡顏。

大和尚說：「我昨夜夢到，自己官運亨運，位極人臣，人前人後，很神氣，可是醒來依然布衣一襲……」

二如尚也搶著說：「我還不是一樣，只是我夢到自己成為富翁，金銀滿庫，不愁吃不愁穿，但是醒來卻是還兩袖清風，一文不名……」

三和尚摸摸頭，也說：「我和你們不一樣，我是夢到活到一百多歲，兒孫滿堂，承歡膝下，好不得意，但是醒來，空空如也！」

其他的和尚，也是東一個夢，西一個夢的，最後大家不約而同的看著老和尚，問道：「師父！您呢？有沒有作夢？」

老和尚淡淡的說：「我昨晚喝白開水，一覺到天明，啥事都沒有！」

夢裡明明有六趣，覺後空空無大千；能自得時則自樂，到無心處便無憂；不求則無需，無慾則不貪；人生一世，如幻似電，浮生一夢，若真還假；從眾和尚無法擺脫名利的枷鎖，所形成的幻覺中，印證老師父的一覺到天明，啥事都沒有，堪稱強烈對比；造成這種日有所思，夜有所夢的不同結果，所具之秉性修養就是來自淡泊。

淡泊是理性的成熟，也是最具體的滿足；它是積極的樂天知命，而非消極的聽天由命；它是入世的適情致性，而非出世的斬情滅性；非寧靜無以致遠，不淡泊無以明志；莫嫌淡泊少滋味，淡泊之中滋味長；貪奪是痛苦之根，淡泊是快樂之源；智者知幻即離，愚者以幻為真；淡泊，才是對人性的透徹瞭解，才是對世情的深刻領悟。

人生的情緻，來自淡泊；淡中知真情，常裏識英奇；淡中交而久，靜裏壽延長；靜中見真境，淡中識本然；掃葉焚香可見清福，養花種竹必自安樂；淡飯粗茶有真味，明窗淨几是安居；知事少時煩惱少，識人多處是非多；得點閒眠真可樂，喫些淡味自無憂；淡飯盡堪充一飽，錦衣那得幾千年；濃中味短，淡中趣長；守本份而安歲月，過天性以度春秋；淡泊之人，豈是雅人，更是高人。

不羨人間朱紫貴，喜看雨後蔚藍天；辛苦到頭還辛苦，奔波一世枉奔波；仕途雖顯赫，當思林下之風味，則權勢之念自輕；世事雖紛華，當思泉下之光景，則利欲之心自淡；是的，走過經過嚐過，還是平淡最好；聽過看過想過，還是簡單最好；富貴花間露，我們遇事焉不看透？榮華草上霜，我們凡事能不看開？平凡看人生，我們才會懂得快樂；淡泊看世事，我們才會體悟珍惜。

找到同樣的人

有一個旅客準備進入一座大城，詢問一名坐在路邊的女士：

「這個城裡都是些什麼樣的人呢？」

「請問你來的地方，都是些什麼樣的人？」女士反問說。

「一些差勁鬼！」旅客臉色凝重，深感不屑的說：「卑鄙狡詐，不能信賴，所做所為都可惡極了！」

「噢？」女士說：「你將在前面的城裡，發現同樣的人。」

旅客懷著恐懼與厭惡離開。

不久，又有個旅客停下來，詢問這座裡的人素資如何，女士也反問同樣的問題。

旅客神情開朗的笑著說：「他們都是好人，誠實勤奮，而且心胸寬大不記恨，我非常懷念那裡的人！」

女士也說：「那麼，你會在這城裡找到同樣的人！」

情緒繫乎心境，心境影響言行；心中有陽光，走到那裡都溫暖；眼中有喜樂，落在何處皆摯愛；有著什麼樣的感覺，就起什麼樣的作用；足見影響一個人的意願與方向，往往是一種心情，而非一件事情。

心情是靈魂的自白，也是性格的萌芽；心情生表情，心境造環境；你怎麼看待，他就是什麼；心情不平衡，行動不一樣；心意一分，嘴角一段；心思一點，臉色一片；心情不好，容易蒼老，情緒不安，很難健康；沒有過不去的事情，只有過不去的心情；好的心情，真是社交場所所能穿著最佳的服飾。

喜樂之情使心滋潤，憂傷之情使身憔悴；高興時心情容易忽略，不可不慎；憤怒時心情容易武斷，不可不緩；事稍拂逆，便思不如我之人，則怨尤自消；心稍怠荒，便思勝似我之人，則精神自奮；胸懷愛心，世界雖大，卻無距離；心存好意，人事雖煩，終必溝通；念人好處忘恨，記人壞事生怨，有同情心就能助人，有諒諒解心就能容人，有忍耐心就會做人。

眼內無塵堪悅目，心中無礙自舒懷；想要處理好事情，就要料理好心情；聰明的人，總在尋找好心情，成功的人，老是保持好心情，幸福的人，永遠享受好心情；反正花謝會花開，那麼是好是壞，何妨見怪不怪！反正春去又春來，那麼事大事小，何不過了就好！樂觀些，心情自然好；糊塗些，心靈自然靜；付出些，快樂自然有；努力些，好運自然來，唯有好心情，才能品味高，唯有好心情，方能受歡迎。

還有什麼好埋怨

有個大戶人家，主人家財萬貫，但仍處心積慮，聚歛財富，整天累得心神俱疲，經常失眠，夜夜夢到自已做牛做馬，勞苦奔波，受人杖責，因此，常在睡夢中呻吟，壓力十足，有人勸他，健康為重，財富其次，他說：

「人生百年，晝夜各半，我每晚都在替人做牛馬，那麼辛苦，白天不賺錢享樂，一半人生豈不划算？」

他有個僕人，每天從早到晚也忙得不歇，筋疲力盡後，倒頭就睡著，夜夜夢到自已身為一國之君，享盡榮華富貴，翌日醒後，又再無怨無悔的投入工作，有人勸他，工作辛勤，難道不厭煩，他說：

「人生百年，晝夜各半，我白天當下人，苦是很苦，但每個晚上貴為人君，人生一半其樂無比，還有什麼好埋怨？」

無怨，由於不求；無樂，因為不足；縱慾貪求故多累，安份知足則常樂；煩惱生痛苦，快樂則健康；故事中的主僕兩人，因為心態不同，所以夢境各異，就是動機有別，結果感受懸殊；快樂就像一幅眼鏡，隨時隨地都可以校正性靈的視力。

快樂是增進健康的良方，更是點燃生命的火種；神傷如病毒，心樂即良藥；快樂是一個方向，而非一個地方；快樂是一種能力，而非一種性格；快樂是發自內心，並非出於征服，是先快樂而後成功，並非先成功而後快樂；快樂的人，永遠不會邪惡；快樂的心，真是勝過滿滿的錢包。

快樂是無形中送出的禮物；快樂一報到，氣氛就熱鬧；心中快樂，常享豐筵；性情愉快，提早成功；快樂的秘訣：是在由衷付出時，也在盡心盡到後；快樂的真諦：不是先做自已喜歡之事，而是做大家喜歡之事；快樂的要領：它不是沒有煩惱，而是懂得知足；快樂是沒有負擔，快樂是不用比較；獨樂之樂不如眾樂之樂；感官之樂不如心靈之樂；以一事而使一心快樂，足以強過低頭祈禱千百次；只有快樂的人，才會讓別人感到快樂。

冷眼看世態，名苦利苦是非苦；歡顏向人生，你樂我樂大家樂；心中有陽光，眼中皆風景；誠然，憂則天地皆窄，怨則到處結仇，哀則自已束縛，怒則大敵臨頭；只有快樂，取悅了自已，高興了別人，歡喜了所有，對自已而言是智慧，對別人而言是慈悲，對大家而言可不就是圓滿；這種事，何樂而不為？

一定沒有量心

有個從小跟在擅長木工的老師傅身邊的徒弟，，由於天質聰穎，甚得師傅喜愛，於是傾囊相授，倍加栽培，隨著年齡增長，致其青出於藍，時間一久，逐漸驕傲自大，吵著要出師。

師傅屢勸不聽，只好做個木頭人當小幫手，不叫苦不怕累，可全天候協助自己，但被小徒弟看到，偷偷摸摸的從頭到腳量一遍，照樣也做一個，可是一經使用就停擺，沒輒了，只好厚顏請教師傅。

「尺寸量過了嗎？」師傅問道。

「量過了！」

「最重要的手腳部份也量對了嗎？」師傅又問。

「量對了！」

「哦！奇怪了！」師傅。沉思片刻，若有所語的說：「對了，你一定沒有量心，對不對？」

小徒弟慚愧低下頭，量心者，良心也。

樹有根則榮，燈有芯則明；吃果拜樹頭，飲水思源頭；虧心之事不要作，僥倖之心不可有；天憑日月，人憑良心；忘本的小徒弟，雖然一時昧於自大，終究最後愧於良心；一個人的良心，真是最好又是最後的裁判。

良心是靈魂的聲音；良心是理性的脈搏，也是惟一不可收買的至寶；良心是未知世界的指南針，更是道德的最高標準；天理有賴良心彰顯，道理可持良心證明；當道德的約制式微，當宗教的勸戒不彰，當制度的規範褪色，當法律的制裁有限，當輿論的批評罔效，因為還有良心，世界依然佇立；良心可抵過一千個證人；良心永不泯；最淨潔的本心，不就是良知？

天地生人，必有一個良心，苟喪此良心，則與禽獸何殊？聖賢教人，總在一個天理，苟捨此天理，則與傀儡何異？良心是慎獨的好兄弟，也是靜思的好伴侶；良心如炬亮，愈黑愈放亮；良心如螢光，愈暗愈發光；以良心辨別善惡，則無不中；以天理印證是非，則無不通；莫現乎隱，莫顯乎微；要開良心店，莫賺昧心錢；白天不做虧心事，夜半敲門心不驚；莫道無鬼神，霹靂夠驚魂；騙得了一切瞞不過良心；良心是能顯現靈魂的真正面目。

種樹培其根，種德培其心；對人而言，權力是法律；對己而言，法律是良心；做人難，要不忘本，才知善惡；處世險，要有良心，方辨是非；秤鉈雖小，可稱人心；利益雖大，不取偏財；人在做，天在看；凡事想想因何在？來日必能睡得穩；待人看看果何為？今朝當須行得正；只要我捫心無愧，何用怯顧？只要內省不疚，何來惶慮？毋庸置疑，良心的覺醒就是靈魂的偉大！

反而你在抱著

有個和尚在一個下雨天，與另一位同修，走上一條泥濘的小路，在一個拐彎的地方，碰到一位漂亮的少女，因為身著絲質長裙，又怕弄髒，一時無法跨過這段泥漿路面。

「我來幫助妳吧！女施主！」和尚說完，就把這位女施主抱了過去。

同修目睹過程，心存疙瘩，一直悶聲不吭，直到入夜掛單寄宿，才按耐不住的對和尚埋怨，說：

「我們出家人不近女色，特別是年青貌美的少女，那是非常危險的事，你為什麼要那樣做？」

「什麼！那個少女嗎？」和尚說：「哎呀！我早就把她放下了，怎麼反而是你還在抱著！」

清水見底，明鏡照心；君子坦蕩蕩，小人長戚戚；如煙往事俱忘卻，心底無垢天地寬；這個如尚，事急從權，事過淡忘，進退裕如，仰俯自在，因為有顆毫無暇疵的心靈，一切足可攤在陽光之下，這就是坦蕩。

人心貴乎光明潔淨；心之清潔完璧者，猶著鋼衣，外邪不侵；一正壓萬邪；胸懷坦蕩的人，開闊磊落，安詳閑正，坐得正，站得穩；沒有妄念，故無猜忌；沒有邪曲，故無貪婪；沒有算計，故無煩惱；沒有詐偽，故無不安；明稱明者，以無不照；大稱大者，以無不容；廣大如天地，虛明如日月；坦蕩，真是不必任何藉口的最好說明。

心清淨故；正大光明的心胸，彰顯在自重自律的行為上；冰清玉潔的人格，植基在自恃自尊的思想中；心體光明，暗室中有青天；念頭暗昧，白日下有厲鬼；心地上無風濤，隨在皆青山綠水；性天中有化育，觸處都魚躍鳥飛；立身要如泰山喬嶽，存心要如明鏡止水，待人要如光風霽月，治事要如青天白日；率真純樸，不以機巧喪其本心；光明瑩潔，不以塵濁蕩其性靈；他心這麼想，為人就這樣；無塵垢的本心，能忍任何艱辛；幸福的根本要素，就是清潔的本心。

不潔在心，甚於不潔在身；芳香在身，不如芳香在心；無愧於事，不如無愧於身；坦蕩在心，甚於坦蕩在身；身揣兩塊錢，胸懷五百萬；帶著掩飾與遮蔽上床，等於背著包袱與行囊睡覺；是的，兩袖清風，心地安然，何來敲門之驚！一身正氣，胸懷坦蕩，自無指脊之患！坦蕩，就是上天真實的見證。

改變了命運

有個小沙彌從小就離開父母，跟隨師父出家，有天，師父心血來潮，以慧眼發現他只剩下七天壽命，難過之餘，不好說破，只告訴他，明天起回家好好和父母團聚一個星期後再返寺。

一週過去了，想到年紀輕輕的徒弟，就此天人永隔，內心不免黯然，就在悲傷中，突見小沙彌活蹦亂跳的從外面回來，氣色紅潤，精神極佳，師父非常訝異，問他：

「你回去父母還好嗎？有沒有吃過好補品？」

「父母都好！」小沙彌回答：「也沒吃過什麼補品！」

「奇怪啊！奇怪！」師父幾乎懷疑自已的神通失靈，再問：

「這些天，你到底怎麼過的？」

小沙彌一五一十地細訴七天經過，師父不覺有何特別，但猛然靈光一現，急忙說道：

「你再說一遍，第一天回家途中，風雨之夜的經過！」

原來，那晚風雨交加，有一窩螞蟻被河水沖得險象環生，他於心不忍，以樹葉收容並置高地後，拍拍手踏上歸途，事後幾乎忘了這件事。

「原來如此！」師父說：「你知不知道？你做了件好事，無意中改變了命運。」

地上種菜，就不易長草，心中有善，就沒有厄運；造命在天，立命在人；相由心生，命由心造，這個小沙彌，一善化災，一慈度劫，他雖命不好但心好，還不是照樣活到老？

命運不是機運，而是一種選擇，它是念頭的延伸，也是動機的累積；心態決定性格，性格決定命運；心起因，命結果；種瓜得瓜，種豆得豆；榮枯無命定，福禍非天生；吉凶惟己召，興衰係人為；你起了什麼樣的心，就造什麼樣的業，就結什麼樣的果。

命運，讚美智者，酬報仁者，幫助勇者；命運，只能捉弄懦者，無法阻撓強者；只能識笑弱者，無法拘束能者；命運，既是好人的朋友，更是壞人的仇敵；命是失敗者的藉口，運是成功者的謙詞；命可以爭，運可以造；弱者認命，強者抗命，能者求命，智者造命；事在人為，人定勝天；命運永遠垂青有準備的頭腦；每個人都是自己命運的建築師。

人生天命，天生人命；善有善報，惡有惡報，不是不報，時候沒到；欲無後悔須修已，各有前因莫羨人；既使我們不相信命運，但是必須相信因果；命運，與其說是偶然，毋寧稱是必然；我們無須慨嘆無奈，也不必唏噓無常；更不必難過無用；不為物喜，不為已悲；只要存好心，做好事，說好話，當好人，自然就會有好運。

誰叫你當初受不了苦

有個雕刻師傅準備塑造一尊佛像，左挑右選後，看上其中一塊質感上乘的石頭，沒想到拿起刀開始敲琢，只聽到這塊石頭直喊：

「好痛！好痛！哎呀，受不了！受不了！」

師傅只好停工，任其躺在地面，另外再找差一點的石頭，重新琢磨，但見這較差的石頭，任憑刀琢棒敲，堅忍承受，默不出聲，師傅更加賣勁，慢工出細活，果然，雕成了上品，大家嘆服之餘，決定敬奉神案，日夜膜拜，從此三牲不斷，香火鼎盛。

不久，躺在地面的前一個石頭，被人廢物利用，鋪在馬路，人車經過，痛苦不堪，內心甚為不平，質問廟裡這尊佛像，說道：

「你條件比我差，卻享盡人間榮華富貴，我卻每天遭受風吹雨打，雨淋日曬，任人踐踏，你憑什麼？」

佛像微笑說：「誰叫你當初受不了苦！」

要磨才成玉，無苦不成人；吃得苦中苦，方為人上人；怕走崎嶇路，莫想登高峰；若要上青雲，怕苦永不行；對這塊受不了苦的石頭而言，若不是這樣那樣，又怎會那樣這樣；做事不怕苦，自無苦人事；困苦就是成功的階梯。

困苦就是孕育靈魂和精神的力量，是最好的教育；是嚴厲的導師，更是磨練人格的最高學府；玉不琢，不成器，刀不磨，不知利；自然之美，總是顯現在風雨之後；瀑布之麗，往往跨越在陡峭之時；偉大的人格，都帶著傷痕；強毅的靈魂，都處在艱難；寶劍鋒從磨礪出，梅花香自苦寒來；能受苦方為志士，肯吃虧不是癡人；只有流過鮮血的手指，才能彈出世間動聽的絕唱；只有經過地獄般的磨練，才能煉出創造天堂的力量。

天下事常成於困約，而敗於奢靡；自苦英雄成大器，須知皆從苦中來；困難是懦夫回頭的便橋，也是勇士前進的跳板；歲不寒無以知松柏，事不難無以辨英雄；草木不經風霜，則生意不固；人生不經憂患，則德業不成；最珍貴的，提煉最久；最堅牢的，承壓最大；不怕山高，就怕腳軟；天下無難事，只怕有心人；天下無易事，只怕粗心人；要甜先苦，要逸先勞；壓得低，彈得強；屈得下，跳得高；不登高山，不知天之高；不臨深淵，不知地之厚；擒龍要下海，打虎要上山；登高山務攻絕頂，賞大雪莫畏嚴寒；成功苦中求，梅花寒裡開；怕苦的人，是沒有悲觀的權利。

一生快活皆庸福，萬般艱辛出偉人；在人生的路途上，因為有了顛沛，才會出現有情有義；因為有了坎坷，才會顯得多姿多彩；丈夫貴不撓，成敗何足論；沒人心疼，也要堅強；沒人鼓掌，也要飛翔；沒人欣賞，也要輝煌；崎嶇坎坷那才叫攀登，痛苦煩惱那才叫人生；眼因流多淚水而更清明，心因飽經憂患而益溫厚；你不怕困難，困難就怕你；若非一番寒徹骨，焉得梅花香撲鼻；吃苦不就在吃補嗎？

茶已滿出來

有個學者專程到寺院，請求禪師開示，什麼叫禪？

賓主對坐，禪師一直沒有談到禪，寒喧過後，進入主題，禪師即以茶水接待學者，但是，茶水倒滿了整杯，還在繼續的倒入，眼看茶水不停地一直往外溢流，學者忍不住的勸阻，說：

「禪師！茶已滿出來了，請不要再倒了！」

「是的，一般人就像倒水一樣。」禪師淡淡的說：「不斷的將自已的觀念與論點，裝入自已的心中，裝滿了，怎會不流出！」

學者說：「禪師，我是來請教禪！」

禪師當頭棒喝道：「不將心中的杯子空掉，如何才說禪！」

滿則溢，空則容；不空不去，不空不有；空有不二，即空即有；心忘即境空，境空即心滅；杯空香氣至，心空智慧來；禪師的空卻杯中水，禪機的妙諦現眼前；毋庸置疑，空就是生命智慧的光輝，更是生命藝術的瑰寶。

無物是空，無物不容；無心似鏡，與物無競；空非枯木死灰，也非古井止水；空是心理無礙的境界，也是心靈自由的體現，即是心智活動的釐清過程，更是心性昇華的創造泉源；實而不有，虛而不無；真空才能妙有，妙有不礙真空；空即是色，色即是空；留白是空，留白不白；空白乃無言的美，留白為極致的靜；空虛之器，發音最響；空白之處，發揮最多；空無所有，無所不有。

一心有滯，諸法不通一心有礙，諸業不行；空無成見，感官不能欺；空無定則，色相不能蔽；無塵垢的本心，才能知覺執著與多欲；一個空字，緩多少人我間之衝突，一個空字，留不盡物已間之餘隙；利害心不空，則親不睦；賢愚心不空，則友不交；是非心不空，則事不成；好惡心不空，則物不契；竹因空常益，檜以靜延年；水浮月始現，風逐自然清；淨空一切，光明認知；為而不恃，長而不宰；風恬浪靜中，見人生之真境，味淡聲稀處，誠心體之本然；當我們不為什麼，也就不會有什麼了。

風過疏竹不留聲，映照禪悅無限；雁去寒潭不留影，湧現清趣無比；花開花落，不過是一段距離；緣起緣滅，不過是一場邂逅；風卷千堆雪，笑看落花飄；春來花自清，秋至葉飄零；身空心靜，雲淡風來；透過空的洗濯，我們何苦還要執著自以為是的習慣定向；經過空的澄清，我們何不徹底揚棄躊躇自滿的膨脹心態。

性火又燃燒

有一位將軍，戎馬一生，有感戰火無情，生命無常，解甲歸田後，決定參佛，為示誠心，將軍入住寺院後，黎明即起，按表操課，行禮如儀，態度虔誠。

這天，一大早起床後，途中遇到師父，彼此合十致意。

師父說：「還習慣嗎？這麼早啊！」

將軍說：「為除心頭火，起早禮拜佛！」

師父又說：「起得如此早，不怕妻偷人？」

將軍一聽火大了，立刻勃然色變，破口大罵說：「你混蛋！你是什麼意思？」，接著想動手了。

師父微微一笑，迴避將軍的攻擊後，緩緩的說：

「輕輕一撥搧，性火又燃燒，如此暴躁氣，怎能放得下？」

參禪何須山水地，滅卻心頭火亦涼；悟時十分空，迷時三界有；放下！放下！不是一句口號，而是一種實踐；不是僅僅參佛，更是念念修心；將軍的著相，適足說明：夙根不改，塵緣不去，又如何淨心恬適，妙悟真常？

放下就是種心靈淨化的作為；放下也是性靈生活的自由；遠離憂慮，減釋負擔，打開心結，破除成見；能提得起，也放得下；既守得住，也丟得開；過去種種譬如昨日死，往後種種譬如今日生；它是百種需索中的掙脫，也是千般什較下的解放；放下不是輸了，而是不必再執著，放下不是忘了，而是不用再束縛；放下不是卸了，而是不願再煩惱；放下就是明白自已的本來，沒有缺憾，只有快樂。

人似秋鴻來有信，事如春夢了無痕；愁鬱中具瀟灑胸襟，滿抱皆春風和氣；暗昧中見光明世界，此心即青天白日；無執滯心，才是活神仙；有做作氣，便非歡喜人；見了就做，做了便放下，了了有何不了；慧生於覺，覺生於自在，生生還是無生；人生一世，草木一春；知幻即離，離幻即覺；浮生若夢，何用煩事掛心頭？世事如煙，何苦庸勞摔不掉？

千江有水千江月，萬里無雲萬里天；若欲放下即放下，欲待了期無了期，此身不向今生度，更待何時度此生；放下狹隘，自會虛懷若谷；放下貪欲，自會知足常樂；放下過去，自會擁有未來；想的太多，容易煩惱；在乎太多，容易困擾；追求太多，容易累倒；為名忙，為利忙，忙裡偷閒，我們無妨喝杯茶去！勞心苦，勞力苦，苦中作樂，我們乾脆下盤來！是的，君能放下世間念，何處樓台無月明。

何必執著這麼多

有一位信徒熱心向佛，跑去請教禪師：

「什麼是佛？」

禪師笑著看他，並說：「你就是佛！」

信徒說：「咦！我只是一介凡夫俗子，哪敢自居為佛？」

「這是你心中有個我的觀念在作梗，因為有了我執，致不能超越，所以還無成佛！」

禪師解釋。

信徒似懂非懂，又問：

「我是因為我有我的原故，不能成佛，那麼請問禪師，您呢？您是不是佛？」

禪師淡然回答：

「何必執著這麼多呢？有了我已經不是佛，再加一個你，那就更不是佛了！」

因為我是，念頭少不了個欲；由於我要，心頭離不開個爭；佛義重無常，般若在苦空；我既非我，我相是誰相？我執為誰執？靜心看透是非事，千古不做夢中人；一個貪我相存我執的人，的確是難以修證與實踐的。

我執是人際相互競鬥與對立的起點，我相是人們彼此挑剔與防衛的開端；兩者的行為常模是計較，相同的性格特質為成見；貪執起差別，迷相生愛憎；心存佔有，是非紛擾；意陷主觀，煩惱無窮；修心當以淨心為要，修道當以無我為基；千種情懷千種恨，一分榮辱一分憂；常以自己為中心的人，永遠是不能滿足。

是非不必爭人我，彼此何須論短長；你對我錯，我讓之；我大你小，我容之；我不希榮，何憂有無？我不競進，何計窮通？覬覦之念一動，必弄機智；計較之心太明，必起爭執；蝸牛角上爭何事？蝴蝶夢中貪什麼？不復知有我，安能量得失？知身不是我，煩惱更何侵？得失已煩，執著更累，是非難辨，計較更苦，一憂一喜皆心火，一榮一枯皆眼塵；不執才能明見真理，無相才能悅納一切。

未生我前誰是我，既生我後我是誰？而今方知誰是我，死後又知我是誰；不如不來亦不去，也無歡喜也無愁；人生的路，何必執著？邊走邊停，是種閒適；邊走邊看，是種優雅；邊走邊丟，那才是種豁達；我們想開了，看透了，就會醒覺自己的本來，原是純淨與無瑕；也會悔悟自己的煩惱，原是糊塗與多餘。

跳不出框框

有一個和尚平素用功甚勤，常常打坐，時時唸經，早睡早起，心無雜念，自忖還沒人像他這麼奮勵，但怎麼努力還是無法開悟，於是，特別請教禪師。

禪師拿了一個葫蘆和一把粗鹽，交給他後，說道：

「你去將葫蘆裝滿水，再把鹽倒進去，使它立即溶化，你就會開悟！」

他遵示照辦，但過不了多久，滿頭大汗的跑回來說：

「師父，葫蘆口太小，我把整塊鹽裝進去，它不化，伸進筷子，又攪不動，我還是沒有開悟！」

禪師拿起葫蘆倒掉一些水，只搖晃幾下，整塊就溶化，接著說：

「就這麼簡單，怎麼還跳不出框框？」

和尚恍然大悟。

與其陷入圈圈中踽躅，何如跳出框框外縱橫？學佛無門道，單純就開竅；返樸歸真，返本歸元；一顆平常的心，就是專治各種疑難雜症的醒腦丸和清神綻。

冰炭不言，冷熱自明；高山不語，自是巍峨；月亮不言，自是高潔；平常心即是：寒即向火，熱即取涼，不須做作，不必雕琢；一切隨緣，理所當然，情所使然，法所必然；自然得真機，造作減趣味；懷平常心始為真名士，具執滯氣便非本色人；單純是機智的靈魂；簡單是生活的樂趣；真理的圖記就是一顆單純的心。

根因自然而茂盛，心唯平常才活潑；心結因在乎而形成，心病因介意而發作；揠苗助長，智者不為；東施效顰，識者不取；治事切忌畫蛇添足，待人無須錦上添花；大禮必簡，大樂必易；複雜乃平常心的惡鄰；驚奇喜異者，無遠大之識；苦節獨行者，非恆久之操；處有事，當如無事；處大事，當如小事；蛋未孵妥，切勿擅行一啄，飯未煮熟，不要妄自一開；將心態回歸自然，才是最靠近自已的方法。

竹影掃階塵不起，月透潭底水無痕；緣起惜緣，緣滅隨緣；潮起潮落，毋庸慨嘆！花開花謝，何須訝異？心中但有桃花源，何處不是水雲間；心簡單，世界就簡單，心自由，生活才自由；看淡了，心境才會明媚；看開了，心情才會秀麗；人生不可能無風無浪無聲無息，我們何不就平凡平淡平實平常？

我的身軀在那裡

有個人禪定時，靈魂出竅，致被誤為過世，身軀隨之火化，靈魂回來後，遍尋不到原來的軀體，無比悲傷，經常哀嚎，大家都無法安撫這個凄切的遊魂。

有個禪師知道後，前來召魂，一進寮房，照樣聽到淒厲的嚎哭：

「我的身軀在那裡？」

「你的身軀在土裡！」禪師淡定的說。

遊魂鑽入地下找，但遍尋不著，又哭著要身軀。

禪師又說：「再到天上找看看！」

遊魂遍尋不著。

「那不妨到火裡，到水下再找找！」禪師說。

但仍然沒有結果。

這時，禪師忍不住高聲喝道：

「你都能飛天鑽地，出水入火，本事這麼大了，還要那副臭皮囊做什麼？」

從此，再也聽不到遊魂哀嚎了。

竹密不妨流水過，山高豈礙白雲飛；色身本無常，真我方無礙，寓言中的身軀譬喻有形的色相，廣大的神通則在強調無限的自我，一個人倘若放棄了內在的潛能，而拘限於外在的條件，豈非捨本逐末，因小失大？

潛能者，靈魂之真貌，生命之火花；人的能源，不在表象，而在深層；人的潛力，不是移植，而是天生，處火宅，弱女能運千鈞之物；臨敵陣，疲馬亦作奮勇之奔；置之死地而後生，陷之亡地而後存；能力是練出來的，潛能是逼出來的；沒有質變的累積，那有量變的爆發；奇蹟，往往就是潛能的出色表現。

潛能的激發，要在自我覺醒，重在自我肯定，主在自我實現；可藉思想而躍騰，可就視野而攀升，可賴行動而發揮；智慧愈苦愈明，精神愈用愈出；稟賦愈壓抑，天份愈抹煞；意識愈開放，能量愈釋出；花若盛開，蝶會飛來，人若精彩，天自安排；不怕萬人阻擋，就怕自己投降；自己打敗自己是最可悲的失敗；自己戰勝自己是最可貴的勝利；潛能，樂於拯救勇者，善於激勵弱者，肯於幫助愚者；若不給自己設限，人生就沒有跨不出的藩籬。

莫為霜台愁歲暮，潛能須待一聲雷；水到懸崖現瀑布，人到絕境出潛能；胸有凌雲志，無高不可攀；生命能夠揮灑多少，就看潛能能夠提昇多少；我們千萬不能輕視自己的興趣，也絕對不必低估自己的專長，只要秉持本色，完成自我，人人頭上一片天，個個心中一塊田；的確，你認為能，那一定行。

那裡也不准去

有個老師授課，談論了許多道理，課後，講到有關地獄的恐佈等等，接著就問道：
「有沒有人想要下地獄的？請舉手！」
果然如預期所料，沒有人舉手，老師頗感欣慰。
然後，又解釋了天堂如何如何的的美好，說完也問：
「有沒人想要到天堂的，請舉手！」
幾乎每個學生都舉手，只有角落最後一排的一個小學生，沒有舉手，神情凝重。
老師頗感奇怪，喊了他起來，問說：
「你為什麼既不願下地獄，也不想去天堂呢？」
這個小學生答道：「我的媽媽一再告誡我，課上完了，那裏也不准去，要直接回家。」

天堂遙不可及，地獄渺不可知；忽略當下，豈有將來；無法立足，如何展望；這個故事，頗值思考，這個小朋友的選擇，非常務實，的確，時間是寶貴的，當下是現實的；

疏忽現在必將怠誤未來。

時間即金錢，時間是真理的前驅，時間是聰明的顧問；一寸光陰一寸金，寸金難買寸光陰；盛年不再來，一日難再晨；白日莫空過，青春不再來；沒有任何東西，勝過一天的價值；時間一如健康，失去了方知可貴；舉世界之財富也買不到光陰；昨天的時光再美好，已成過去，今晨的陽光再微弱，也是今天；過去已成逝水，未來茫如捕風，只有當下才是最為實際。

今日之後無今日；今日之蛋勝於明日之雞；今日所失之財可求償明天，現在所失之時難望未來；把握住今天，乃是為明天最好的準備；許多人會為昨日之非而後悔；很少人會為今日之過而改善；省時不啻延壽，即瞬間亦有意義；聰明的人，不排徊於過去；豁達的人，不憂患於未來；只有智慧的人，最懂得把握當下；零碎布條可製彩衣，零碎時間可織美夢；昨天是一張廢票，明天是一張期票，只有今天才是鈔票；若要愛千秋，就當惜現在；如果你能忠於今天，上天便會為你安排未來。

活在昨天的人迷惑，活在明天的人等待，活在今天的人踏實；紅塵過往，沒有人握得住，地久天長，唯有珍惜當下；智者一日一段落，愚者一生一終結；花開堪折直須折，莫待無花空折技；要珍惜今天，就活在當下；我們縱期未來不是夢，也得當下要憧憬；我們既盼明天會更好，也要今朝去努力；當下的作為，就是明天最好的見證。

仁義胡同

從前有個官員，接到一封家書，表示正與鄰居爭地，原來為了修築院牆，兩家互不相讓，準備大打官司。

官員在回信中，寒暄幾句，聊聊近況後，似有所感的提了一首詩附於後：

「千里修書只為牆，讓他幾尺又何妨，長城萬里今猶在，不見當年秦始皇！」

他的家人接信後，悶聲不吭主動把院牆向後挪出五尺。

鄰居獲悉，亦覺慚愧，深有所悟，也寫了一首打油詩，自況心聲：

「退牆五尺見寬容，鄰里稱仁鄉情濃，我牆不退豈不愧，自難心安自難睡。」

於是，鄰居也自動拆牆退後五尺，致形成十尺巷子，人車往來，無不稱便，久而久之，人稱仁義胡同，遠近馳名。

據說，這個胡同現在還在，已列為國家古蹟。

千金買親，萬金買鄰；與其使鄉黨有譽，不如讓街坊無怨；與其為子孫謀產，不如教後代做人；這位官員，居鄉恕，鄉乃睦，好個讓他幾尺又何妨；不與人比，心情輕鬆，不與人爭，做人成功；不爭，天下莫之能爭，洵非虛言。

欲而不得則爭，求而不能則妒；不爭不是放棄，也不是從權，而是一種尊重，一種胸襟，一種涵養；得理不必爭盡，留些肚量；凡事不必做盡，留些餘德；處事欠寬平，則有紛爭之弊；接物存計較，則有激切之形；好勝者必遇敵，逞強者常受辱；招人妒，少不了一個滿字，討人厭，離不開一個爭字；爭執的人永遠少了個清涼的心。

耕者讓畔，行者讓路；讓禮一寸，得禮一尺；世事如棋，讓一些不致虧我；心胸似海，納百川方見容人；有一份退讓，便有一份受益；有一份矜張，便有一份挫折；不與人爭心就從容，不與人比心就寧靜；做人須帶一份憨，處事須含一點癡；不憨無以犯大難，不癡無以處濁世；不與人爭，常得多利，退一步想，常進百步；世事與人爭不盡，還他一忍是便宜；不要論斷別人，以免別人論斷；心存一個讓字，則爭者息，忿者平，怨者解；不爭足使再大的糾紛皆可消弭於無形。

爭得了一時，賺不了一世；自後者，人先之；自下者，人高之；受得了小氣，則不至於受大氣；吃得小虧，則不致於吃大虧；廣廈千間，夜眠不過一席之地，轎車萬台，乘坐不過一人之位；人生幾何，計較不得，不爭自然豁達，不怨自然開朗；吃虧何嘗不是佔便宜？

鴨子一條腿

有個富翁，家裏有個廚師，手藝高明，有口皆碑，但每次端上全鴨大餐時，鴨子總是一條鴨，他懷疑另條腿可能被廚師吃掉。

這天，又見菜盤上只有一條腿的鴨，他非常火大，把廚師叫來，問道：

「鴨子有幾條腿？」

「老闆，只有一條！」廚師泰然回答。

富翁震怒，斥責廚師：「既使三歲小孩都清楚，鴨有兩條腿，為什麼你還要強辯？」

「老闆，如果你不相信，請跟我到後院實地看看！」

在後院一看，只見鴨子們都睡著，一隻腳藏在下腹，另一隻單足佇立，富翁見狀，以雙手大力地鼓了幾次掌，鴨子驚醒，縮在下腹的腳自然垂下。

「你好好看，鴨子不是兩條腿嗎？」

廚師淡淡的說：「沒錯啊！是因為你鼓掌才有兩條腿，我平常做菜，從沒見你拍過手，所以鴨子才一條腿！」

小小的親切可以推動世界，輕輕的掌聲足以溫暖人生；能夠認識別人長處，是一種智慧；能夠被人認識長處，更是一種幸福；廚師渴望鼓勵的心情，我們深表同感，的確，再也沒比讚美的話更方便而又不花錢。

讚賞像和風，頌揚如烈日；世上最美的語言是讚美，世上最好的修養是喝彩，世上最大的動力是鼓勵；很多人都知道怎樣去奉承，但卻不知道如何來讚美；在鼓勵中成長的孩子，深知上進；在稱讚中工作的部屬，深懂感激；在嘉許中打拼的夥伴，深具自信；在讚美中互動的朋友，深覺溫暖；當斥責無功，當哀求無助，因有鼓勵還是會再有效。

讚美是種欣賞與喜悅的愜意；稱頌要在真心，嘉許要出善意；言之由衷，形之在外；語之至誠，口留餘芳；讚揚不值得讚揚的人，等於變相的誹謗；過份的讚美則是虛偽；誇獎要如醉人的芳香，濃淡適中，清雅宜人，自然流露；讚許又像黃金讚石，只有稀少才有價值；最機伶的喝彩，就是讓人多說，而自已則用心傾聽與含笑點頭。

人比人氣死人，人捧人出偉人；人抬人高，人貶人低；鼓勵給人希望，讚美給人溫暖；贈人錢財花得光，幫人打氣用不完；喝彩不用成本，但能創造善緣；讚美不用花錢，但能產生力量；分享不用費用，但能培養感情；欣賞別人就是對自已的勉勵，誇讚別人就是給自已的快樂，我們何樂而不為？我們何故而不做？

大有可爲

有個鞋業公司中的兩個職員，分別被總理派到非洲開發市場，準備拓展業務。

其中的一位在瞭解當地狀況後，拍了封電報回來：

「老闆，大事不妙，此地毫無消費市場，因為大家都是赤足光腳，沒穿過鞋子，鞋子再好也賣不出去。」

稍後，另外一位職員也拍了封電報回國：

「老闆，大有可為，這裡的人全都光腳丫子，拓銷的遠景，無限美好，發展潛力十足。」

放變時代的，不是人物而是思想；創造歷史的，不是英雄而是觀念；思想是行動的主導，觀念是作為的基礎；樂觀的人，世界就在你面前，悲觀的人，面前就是你的世界；這兩個人的業績和前程，就在不同的價值判斷中，產生了關鍵性的差異，個中妙締，殊值玩味。

一個問題就是一個機會，一個機會就是一個考驗；人們的愚昧，並非由於不會做，而是因為不去想；人們的困擾，並非由於事情煩惱，而是因為煩惱事情；人們的錯誤，並非由於困難就重視，而是因為容易才忽略；大多數的人都想改造這個世界，但沒幾人想要改造自己；垂直而非水平的思考模式，亟易促使觀念打結。

愚者不知問題，懦者逃避問題，智者解決問題；弱者屈服環境，能者利用環境，強者創造環境；樂觀者喜歡去朝那好的一面；悲觀者容易去想那壞的一頭；樂觀者見到麻煩後的機會；悲觀者看到機會前的麻煩，樂觀者在黑暗中點燈，悲觀者卻把它吹熄；樂觀是成功的前奏，悲觀是失敗的先兆；樂觀者叫人完成一切，悲觀者使人放棄所有；人生可能無法改變，但觀念可以改變；環境無法改變，但心態可以改變；心思決定出路，眼光決定未來；人生不是受環境擺佈，而是受觀念支配；正確的觀念就是那些會享用者的珍貴財產。

觀念轉個彎，世界無限寬；觀念若能通，滿面是春風；觀念若不通，錢袋也變空；遇事消極，勇氣遞減；凡事積極，活力倍增；勿為失敗找理由，要替成功想辦法；避開觀念上的死角，海闊天空；解開思想上的活結，風和日麗；如果我們無法搬動這座山，那麼何不移動自己的位置。

只是尚未成功

在一場運動會中，百米賽剛剛結束，只見一位被淘汰的選手，垂頭喪氣的走出場外。
這時，他的父親從後面摟著他說：
「你是失敗了？還是沒有成功？」
這位選手覺得很奇怪，父親非但沒有沒有安慰他反而說這些話，令人費解！
「難道這有什麼分別嗎？」兒子迷惑的問。
父親笑而不答，又說：
「下次比賽還要參加嗎？」
兒子堅定的緊握拳頭，說：「當然要！並且要拿冠軍・」
父親高興的拍拍他的肩膀，說：
「好極了！那麼你今天只只是尚未成功，而不是失敗！」

成功的人永不放棄，放棄的人永不成功；鳥無翅膀不能飛，人無志氣不為功；悲觀是把挫折當終點，樂觀是把失敗當過程；父親的話，發人猛省，人生的光榮，不在永不失敗，而在跌倒，爬起，再衝！

所謂失敗，只不過是暫時停止成功而已，只不過是放棄嘗試而已，只不過是獲得一個經驗而已；失敗是走上較高地位的第一階梯；對於意志永不屈服者而言，沒有失敗之說；失敗不是氣餒的來源，而是新鮮的刺激；失敗是成功之母，檢討是成功之父；失敗對強者而言是逗號，對弱者而言是句號，對愚者而言是驚嘆號，對勇者而言是疑問號；最大的失敗，是一點也不覺得自己失敗；默認自己不能成功，才為失敗製造機會；失敗是堅忍的最後考驗；失敗是黎明之前的黑暗；自認失敗則乃愚者的結論。

避免失敗最可靠的辦法，就是下定決心爭取成功；成功是種結果，而非目標，是種旅程，而非目的；成功之關乎才能與機會，不若專注與堅忍；成功是帶著自己的燈光，並尋出自己的道路；在意願強烈的地方，困難不會太大；成功的人，是沒有任何東西，可使他感到惡劣；成功的人排除萬難，失敗的人被萬難排除；成功的人往往有個計劃，失敗的人往往有個托辭；成功只有一個理由，而失敗卻有一千個理由；成功的人，是跟別人學習經驗；失敗的人，是跟自己複製經驗；如要成功，當以恆心為良友，以經驗為參謀，以謹慎為兄弟，以希望為哨兵；失敗緣于忽視細處，成功始於重視小事；成功是堅持最後一分鐘也不想失敗，所以，它總是最後一分鐘才會到訪的佳客。

挫折何曾困志士，失敗由來助英雄；年年失望年年望，事事難成事事成；天有陰晴，事有成敗；失敗之前無高手，成功之後無庸人；台上一分鐘，台下十年功；失敗不是必然，成功亦非偶然；我們在那裡跌倒，何妨就在那裡奮起！我們在那裡失敗，何不就在那裡成功；人生不怕重來，就怕沒有將來；丈夫貴不屈，成敗何足論；即然成功可使我們光榮，那麼失敗也可使我們偉大。

這個夢送給我

有兩個窮人，站在一幢豪華大別墅門外，探頭看了又看，羨慕不已，當晚，其中一位就夢見像這樣規模的一幢大別墅內某一個角落，有著一罈黃金，翌日，他告訴另一位，說完後自已也不禁嘆息說：

「真可惜，這只是個夢！」

但另一位窮人，聽了卻相當在意，忍不住說：

「這個夢送給我，好嗎？」

於是，他想辦法到類似這樣的別墅幫傭，工作之餘，期待奇蹟的出現，但年復一年，毫無所獲，然而工作的表現，卻深得主人賞識，這天，主人告訴他：

「後花園北側那片荒地，雜草叢生，亂七八糟，沒有一個人清理得乾淨，這個工作，還是交給你，我比較放心。」

他又認真的刈草翻土灌溉，眼看髒亂就清除，就在剷除最後一堆土的時候，赫然發現地下凹洞裡，竟有一罈黃金。

攀高，是因為理想在引導；望遠，是由於夢想在推動；日有所思，夜有所夢；這則美夢成真的故事，深刻的詮釋，身無分文的人並不可憐，可憐的是那些連夢想都沒有的人；夢想真是靈魂的翅膀。

夢是一種心靈的思想；夢是生活情緒的反映，也是精神意識的開放；夢是種欲望，想是種行動，夢想就是夢與想的結晶；塵世有界，夢想無疆；哲學家有夢，看到天堂；科學家有夢，登上太空；藝術家有夢，找出永恆；非尋常程度的夢想，構成發明家的天才；夢想是最先發現將來能夠實現的事實；夢想統治世界；夢想就是人類能夠放得最高的風箏。

人因夢想而偉大；夢想是理想的酵素，理想是夢想的成果；幻想不實際，妄想不成事；心有多大，世界就有多大；夢有多遠，腳步就有多遠；因為有願，所以披星戴月；因為有夢，所以乘風破浪；有了物質才可以生存，有了夢想才談上生活；夢想往往敗在放棄手上，毀在嘲諷腳下，倒在拖延懷裡，亡在困難身邊；世上最快樂的事，莫過為夢想而奮鬥；夢想是無限創作的泉源；沒有想像力的靈魂，不啻沒有望遠鏡的天文台；想像未來最好的辦法，那就莫過於自已創造未來。

徒夢而不為，彷如有翼而無足；光想而不做，則如有帆而無舵；夢雖遙遠，希望相隨；心存希望，幸福會降臨你；心存夢想，機遇就會籠罩你；心存願景，目標就會常伴你；我們擁有夢想，只是一種智力，我們實現夢想，才是一種能力；我們會有什麼樣的成就，就看我們先做什麼樣的夢；只要堅持與努力，終必會實現；畢竟，偉人也不過只是能認真實現夢想的常人。

能使我長出頭髮嗎

在一次為戰功彪炳的將軍所舉辦的雞尾酒會上，一位年輕的士兵被挑選出來，伺候將軍，音樂響起，這位士兵開始斟酒，但因敬畏與緊張，反而不小心把酒滴到將軍光禿禿的頭上。

一時，整個酒會上氣氛僵住了，士兵更是不知所措，其他的軍官忍不住發怒嘀咕：「這個糟糕的傢伙，明天要關禁閉才行。」

只見將軍拿起餐巾，擦著禿頭，笑著對大家說：

「各位！各位！這位老弟實在用心，只是這種療法，就能使我長出頭髮嗎？」

話一說完，全場爆笑，只有這位臉色發白的士兵，含著淚珠，滿懷感激，傻傻地注視著將軍。

惟寬可以容人，惟厚可以載物；有大量者，方能形成大格局；有大格局者，方能成就大氣候；有容乃大，不容無物；幾句風趣話，多少寬容心；過失是人，寬恕是神；這位將軍的彪炳，顯然，不是霸功，而是大度。

寬容是愛的極致；眼寬容景，心寬容事，耳寬容話，嘴寬容人；心胸寬大，足以涵萬物，性情狹窄，無以容一沙；多一份器量，便多一份人緣；有一份氣度，便有一份胸襟；無所不包，無事不可成，無所不容，無功不可就；泰山不棄碎石，故能成其大；河海不擇細流，故能變其深；饒恕別人，乃最光榮的報復；原諒別人往往比指責別人更有力量；不能原諒別人的人，則是自拆橋樑。

容人之量不是順人之非；舉大事，不記小怨；有一份器量，就有一份氣質，也多一份人緣；能容得多少人，就可帶領多少人；包容有多大，成就就有多大；富貴家宜學寬，聰明人宜學厚；有退步時須退步，得饒人處且饒人；責已而人自不我咎，恕人而人樂為我用；度量要寬些，一切好歹何妨容納，眼界放大些，一切高下何不包涵；將相頭頂堪走馬，公侯肚裏好撐船；有容人心，人敬；無諒人心，人恨；量大福大；包容別人，就是擴大自己；尊重別人，就是提升自己；原諒別人，何嘗不是善待自己。

成大功者，不顧小嫌；建遠略者，不期近效；痛癢以設身立見，甘苦惟易地皆知；遇事何妨多為他人著想，論事何不常替對方考慮；責罰，是人情的，原諒，是神聖的；稍具體恤心，即見寬厚情；胸中天地寬，常有渡人船；彎得下腰，才算寬厚；放得下身，才是度量；寬容，與其與說是智者之舉，毋寧稱之為仁者之心。

求人不如求已

有一個香客與和尚，同遊寺廟，看見其中一尊觀世音菩薩雕像，栩栩如生，口中唸唸有詞，狀至虔誠，香客不解，問道：

「大師！觀世音菩薩到底在禱念什麼？」

和尚說：「在唸南無觀世音菩薩七字真言！」

這下子，香客更加迷惑，繼續問道：

「觀世音菩薩本來是我們凡人膜拜的神，怎麼也和我們一樣在禱告，還自己唸自己？奇怪了！」

和尚說：「唉！求人不如求已啊！」

樹上的鳳凰會唱歌，手中的麻雀最牢固；自助而後人助，自救而後人救；靠山山會倒，靠水水會流，靠人人會跑，靠自己才最好；這個典故，言簡意賅，自助才是自己最可靠的幫手。

人不求人一般大；求人像吞三寸劍，靠人如上九重天；要來的不會多，求來的不會久；依賴別人，抬不起頭；指望別人，挺不直腰；苦候的時光最漫長，倚賴的心情最焦慮；十鳥在樹，不如一鳥在手；君子求諸已，小人求之人；天下沒有白吃的午餐，也沒有不勞而獲的好處，更沒有唾手可得的成功。

天生我材必有用；求人不如求已，使人不如使腿；求人是權宜之計，求已才是長久之道；智者一切靠自已，愚者一切靠別人；成事雖在天，謀事還在人，有諸已而後有諸人，無諸已而後非諸人；俯已以就人，則易為功，仰人以援已，則難為力；怨人不如自怨，望人不如望已；圖強可發奮，自力可更生；操之在我則存，操之在人則亡；要求自已最穩當，依靠自已最保險；可作主有尊嚴，能當家最安全；惟自救乃有以自存，惟自助乃有以自已；自強則為人所不能弱，自立則為人所不能困；自強始可自由，自立始可獨立；不怕你不懂不會，就怕你不學不幹；人生最嚴重的逃避，就是放棄了自已的努力。

個人吃飯各人端，各人洗臉各人光；靠天吃飯難保證，靠人發財不由已；命運由我作，幸福由我找；成也自已，敗也自已，這真是何等的自在；好也自已，壞也自已，這又是何等的自足；只要盡心了，縱然辛苦，我們當不致痛苦，這才是氣概；只要努力了，縱然失意，我們也不致失志，這才叫擔當；畢竟，弱者光用淚水在自慰，強者是用汗水在自助。

最幸運的水泥工

有一座雄偉的大雄寶殿興建之際，媒體相當重視，記者報導這則重大新聞時，順便採訪了一些工人。

「你在做什麼?你知道嗎?」

第一位工人臉色臭臭，不耐煩的回答：

「你沒看見我在砌磚！」

「你在做什麼?」記者又問二位工人。

「我正在鋪牆！」工人低著頭，神情卑怯，囁嚅的回答。

記者再問第三個工人，出乎意料，這個工人神情愉快，很快的回答：

「我正在建築一座全世界最偉大的佛教聖殿，你看，我真是最幸運的水泥工！」

工作如是快樂，人生就是樂園；工作如是痛苦，人生就是煉獄；表現取決於能力，行為取決於動機，成就取決於態度；用力只是把工作做完，用心才能把事情做好；第三位工人，把工作當成事業，而非職業；將心態呈現積極，而非消極；其工作精神，令人感佩。

工作是生育之母；工作是最高貴靈魂的營養劑；工作是可終身信賴，又不會背棄的朋友；工作可把三種壞事解救出來，就是無聊，不善，貧窮；工作為青年人帶來希望，為中年人帶來信心，為老年人帶來安慰；凝聚成力量的不是休息，而是工作；今天不努力去工作，明天會努力找工作；任何覺得自已重要到不屑於去做小事的人，八成就是卑微到不足於去任大事的人。

天地生人，有一人當有一人之業；人生在世，有一日當盡一日之勤；認真工作者，面目可親；肯工作者，天生是一某方面的王；習慣了的工作，會變成一種快樂；能從工作中領會出樂趣，生活才有價值；能夠完成被人為做不到的，生命才有意義；認為自已不適合於現在的工作，必無法把自已在手的工作做好；完成工作的方法，是愛惜每一分鐘；賴人的工作總是在明天，而他的假日則是在今天；想在人前顯貴，就得人後勤奮；有志者，事竟成；苦心人，天不負；工作中的傻瓜子，遠勝躺在床上的聰明人；完成工作的報酬，即是有能力再去工作；將來就是屬於那些努力工作的人。

在團體中要被認同，工作態度是重要的條件；在社會中要被肯定，敬業精神是重要的修養；甘願做，歡喜受；聰明的人，依靠自已的工作；愚蠢的人，依賴自已的希望；只有沒出息的思緒，沒有沒出息的工作；如果把工作當做負擔，你就會生氣和埋怨；如果把工作當成生活，你就會接受和笑納；工作可不就像是個鏡子?我們愁容相對，鏡中亦以愁容相報！我們以笑容相對，鏡中亦以笑容相報!幸福就是存在一個人真正的工作之中。

你是怎麼了

有個長相本就很醜的軍閥，長年征戰，不幸又在一次戰役中槍傷了一隻眼睛，臉上疤痕又多了幾條。

這天，好不容易有個空閒理個頭髮，但從鏡內赫然發覺自己的面容，竟是如此難看，以前沒注意，如今連自己都嚇一跳，愈想愈難過，當場忍不住低頭啜泣。

他的部下也在一旁陪著垂淚，哭了一陣才停止，可是其中一個副官，這時反而愈哭愈傷心，最後索性坐在地上嚎淘大哭起來。

「你是怎麼了？」軍閥頗覺好奇的詢問。

「大帥，您只看見一次自己的長相就哭起來，那我每天早晚都會看到您的尊容，真不知以後日子怎麼過啊？」副官回答。

生命最重的負擔是自怨，生活最苦的拖累是自尤；自甘菲薄者，傻，自慚形穢者，蠢；這個笑話，殊值玩味，自卑真是人生最不必要的悲哀。

自卑是弱者的表現；自卑者，神經容易過敏；自閉者，思想容易逃避；自暴者，不可與有言；自棄者，不可以有為；把自己看得太輕，則不能振興，將自己瞧得太扁，便無法長進；凡人的長處，都是具有缺點；假如自比泥塊，終將任人踐踏；假如甘作朽木，終將隨人遺棄；自卑的人，永遠喪失了自己的優點。

爪無滾圓，人無十全；金難赤足，人難完美；尺有所短，寸有所長；尺長之木必有節結，寸大之玉必有瑕疵；沒有缺點的人，優點也往往很少；不必羨慕完美，完美曾經不美；沉溺自己的缺陷是認命，清楚自己的缺陷是聰明，善用自己的缺陷才是偉大；人窮志不短，尺薄力不輕；自信為人所不能侮，自重則為人所不能輕；應付缺點最好的方法，不是克服，就是利用；毫無缺陷者，只可能在無缺陷的世界中找到；和自己作對的人誰也沒有辦法搭救他；人生彷若茶葉蛋，也許有點缺陷，可以更能入味。

我雖然不大，但可以偉大；缺陷並不證明沒有，傷痛也不表示永久；你是什麼，就做什麼；你怎麼想，就怎麼活；人不可貌相，海不可斗量；我們可以看清自己，但不要看輕自己；我們也許無法一時樂觀，但也不必永遠悲觀；當你接受自己的樣子，世界就認識你，除非徵求我同意，沒有人可以叫我自卑！

有必要打訊號燈嗎

有一個人在大濃霧裏開車回家，四週視野極差，幾乎看不到任何東西，為了迅速與安全，反正這條路上，只有前面一部車，只要跟隨前面正發亮的尾燈車前進就對了，自己何必傷腦筋，就讓前面的駕駛操心吧！

他就這樣不斷尾隨前進，倒也無憂無慮，可是隔不了多久，前面的尾燈突然熄滅，他一時煞車不及，狠狠地撞上前車，他生氣的大吼：

「喂！你要停車，為何不打訊號燈？」

前面傳來駕駛理直氣壯的抗議：

「我有必要打訊號燈，說我要停車嗎？請你看清楚，我是停在自已家的車庫啊！」

附合不是盲從，跟進絕非尾隨；盲從永無目標，尾隨皆成附庸；這個糊塗的駕駛，貪圖近利，方便行事，偷雞反蝕米，愈速而不達，一場意外的車禍，足以警惕，沒有目標的行進，如何能夠走出自已的路？又如何才能回到自已的家？

目標是希望的前導，也是理想的原動，更是成功的指引，目標的意義，在為誰而戰，在為何而戰；在一條筆直的大道，才不會碰到山擋路，也不會遇著樹絆腳；方向正確的人，心頭不致迷失與錯失；目標清楚的人，眼前沒有岔路與歧路；有目標的人會前進，沒目標的在流浪；計劃不能正確的實踐，是因為沒有目標；目標未能始終不變者，一生亦難始終不變。

高尚目標的維持，就是高尚的事業；君子為目標，小人為目的；吾人之目標，即吾人才能之先兆；一個有信念的人所發的力量，不下九十九個心存觀望的人；肯定你所願望的目標，它自會在你生活中出現；邁著自己的步伐，經過的足跡，踏實無比；保持自己的風格，投注的心血，鮮艷不謝；知道自己往那兒走，然後笑向前去，互易成功；怒海行舟，緊握羅盤，終將航抵彼岸；具有明確的意志，足可掃除一切障礙；方向不對，努力白費；真正目標清楚的人，世界也讓他三分。

志不立，天下無可成之事；志即立，天下無不成之功；有志者自有千計萬計，無志者只感千難萬難；沒目標的人叫流浪，有目標的人叫前進；成功的人常存目標，失敗的人僥存但願；成功的人，互記方向，失敗的人惦記其他；凡事但願，永難如願，凡繫其他，效果必差。

給我的不是寶石

有個醉心雕刻的年青人，專程求教一位雕刻師傅，每次，師傅都放一塊寶石在他手中，叫他捏緊，然後天南地北的閒聊，除了雕刻外，什麼都談，就這樣連續過了五個月，年青人深感納悶與無奈。

有天，師傅仍照往常，只拿了一塊寶石放在他手裡，準備聊天，年青人手一接觸，看都沒看，便覺得不對勁，脫口而出，說：

「師傅，您今天給我的不是寶石！」

「你認為會是什麼？」師傅說。

「那只是一塊普通的石頭而已！」

師傅欣慰的說：

「對了，雕刻要心手一致的功夫，現在，你的第一課算是及格了！」

心以專注而細，手以熟練而精；要成功必先成材，要專業必先敬業；師父領進門，

修行在個人；年青人手到心到，神領心會，這種心手一致的功夫，就是全神貫注與全力集中的具體結果；事業成功的第一課就在專心致志。

專注是控制一個人的注意，鎖定目標於一件事之謂；專則不雜，注者不移；凡事成於一，而敗於二三；世上無難事，就怕心不專；事無鉅細，不專則不精；業無大小，不熟則不巧；心分則神不專，神分則氣不一，氣分則力不足，力分則功不成；人若專心其業務，業務必能保護其本人；除非專注，沒有任何的選擇，可使腦筋清楚異常。

學貴專精，業貴專一；耳不聽而聰，目不兩觀而明；一矢不能射兩的，一事不能分兩途；專心則必精，分途恐兩失；不在焦點之下的陽光，就是燃燒不起來；做事全神貫注的人，可免於一切困窘；做一行怨一行，決難闖出好名堂；身兼眾長，無一專長；習百藝者，一無所成；追兩兔者，不得其一；百藝通，不如一藝精，十事之半通，不若一事之精通；藝多不養家，葉多不成樑；任何倏忽的靈感，往往是不能代替長期的功夫；多數人的失敗，不是因為無能，而是由於不專；天才並不特別，無非不斷的專心致志。

一掌一摑印，一棒一條痕；讀書是易事，思索是難事，但是缺專注，全是無用處；我們在人生的舞台上，扮演什麼就要像什麼，吆喝什麼就要賣什麼；與其遠眺彩霞的艷麗，不如留意腳下的草茵；若想深盼玫瑰的燦爛，毋寧專注手中的灌溉；我們只要一心一意，做到全心全意，四月的雲雨，必帶來五月的鮮花。

前功盡棄

小王從軍中退伍後，到處謀職找工作，老婆也為他操心不已。

這一天好不容易看到一則廣告，出門應徵，回家後，老婆迫不急待的問道：

「今天情形如何？」

「哎！」他嘆口氣：「前功盡棄，只為一句話，真可惜！」

「什麼話？」

「老闆問我，對這份工作有沒有把握？我拍著胸脯保證，閉著眼睛也可以做好。」

小王回答。

「哦！這也無妨啊！」老婆很自然的表示。

只見小王期期艾艾的說：

「可…可…可是我應徵的是公寓守夜員！」

才不配不可居其位，職不稱不可食其祿；大喜易失言，大樂易失察，大話易失信，大意易失職；顯然張眼注意才是敬業，果然閉眼值夜就會失業；這個笑話，意在告誡：任何工作的基本態度，首先就是敬業。

百事之成也，必在敬之；百事之敗也，必在慢之；業無貴賤，認真則一；事無大小，勤奮皆同；專業須先敬業，稱職始能稱心；敬業，不是喜歡你所做的事，而是喜歡你不得不做之事；視職業為不足的人，永遠不能得到滿足的職業。

熱心乃事業的精神；在手之事，不推不拒；著手之事，任勞任怨；不經心，不知事；不真心，不成事；擇業不得勢利氣，習業勿存粗浮心；行事貴之在力，完事持之在恆；成功的人常說，這事我來做；失敗的人心想，這非我的事；不用心的人，是把事情做完了；常用心的人，是把事情做好了。

不愛做事是懶人，不敢做事是懦夫，不知做事是白癡；只要鋤頭舞的好，那有牆角挖不倒？勇於任事，我們一定不被冷落與遺忘；勤於治事，我們一定受到歡迎和器重；自棄者扶不起，自強者打不倒；沒有那個工作保證有前途，前途就是掌握在那工作的人。

只買單程去票

有兩個人因竟見相左，爭執不休，大家勸和無效，最後兩人決定遠赴一處奧運大型運動場，正式決鬥，槍下見真章。

這一天，兩人碰巧在車站不期而遇，其中一位因為自信一定凱旋歸來，所以也買一張回程車票，可是，卻見對手手上拿的是單程去票。

「怎麼只買單程去票？」他調侃對手的悲觀與灰心：「你要是害怕，承認自已理屈，現在還來得及取消決鬥！」

「誰說的！」對手狠狠地盯著他，說：「我一向總是在決鬥之後，使用對方的回程車票勝利返鄉的。」

倖生不生，必死不死；從容赴沙場，瀟灑步歸程；這個對手的豪氣與勇氣，在滿滿的自信中，表露無遺，值得喝采；未來雖然無法預測，但是信心已使人提早看到結果了。

信心是種理智的延續；信心是種強烈的抱負，可把或然的企盼轉變為必然的事實；

信心是通往希望之路的踏腳板；信心即是相信吾人未見的事物，而其報酬，便是可以看見吾人相信之事物；信心可使汪洋中驚濤駭浪的船隻，駛向燈塔的懷抱；也可使沙漠中飢餓酷熱的商隊，走出無垠的旅途；信心給人帶來生活與做事的勇氣；人是命運的舵手，信心便是人生航向的動力。

一個人的信念，是他行為的最大因素；人們能克服困難，是因為他們相信自己能做到；風雨生信心，憂患必奮起；有信心的人，絕不會為困難而沮喪，更不致因挫折而退卻；人當無可指望時，因為自信還是有希望；信心中不是沒有懷疑，而是能置懷疑於不顧；你成就的大小，永遠不會超過你自信的大小；你要出類拔萃，誰也阻擋不了你，你要垂頭喪氣，誰也替代不了你；對自已沒信心，又如何相信別人。

吾心信其可行，雖移山填海之難，終有成功之日；吾心信其不可行，雖反掌折枝之易，亦無收效之期；你能夠，那是你知道你可以；你不能夠，那是你想到你辦不到；世間情，冷與暖總會有，人生路，難與易都得走；只要能自信，而不自大，那麼希望就浮現在眼前；只要能自立，而不自卑，那麼憂困會遠拋在腦後。

我視力不好

在一個豪華旅館中，三位男服務生各自向老闆吹噓，自已最懂禮貌，保證不會得罪客人，為了測驗誰才能真正做到令人滿意，老闆假設了一問題說：

「如果你無意中把房門打開，正看到房內女客人脫了衣服赤身裸體，而她也看到你，這時候你怎麼辦？」

甲說：「很簡單，立即鞠躬，說聲對不起，我真該死，走錯房間，接著馬上關門退出。」

乙說：「我要立刻矇住眼睛，說聲：小姐，很抱歉，我什麼都沒看到，然後，趕快關門離開。」

丙說：「我會這麼說：先生，我視力不好，請告訴我這是那裡？謝謝你！」

評定結果，丙的態度，最可以叫女客人滿意。

應對有禮，處處歡迎；進退失當，人人排斥；失禮就會失態，不當就成不悅；這個笑話，固在博君一粲，惟禮貌的重要性，盡在弦外，事實證明，人與人之間最高尚的交集，就是禮貌。

禮貌是靈魂共同的微笑，也是最容易開啟心扉的一把鑰匙；禮貌為治事之本；禮貌是予人的第一印象；禮貌雖不是鑽石，但絕對是香氣；上對下有禮，下對上必恭；下對上有禮，上對下必恤；下對上不難有禮，難在有節；上對下不難有恩，難在有體；人的禮儀經常造成自己的命運，禮貌誠乃最高的權術。

禮者理也；禮之用，和為貴；揖讓而升，下而飲，其爭也君子；說聲謝謝對不起，你來我往都歡喜；請字掛嘴邊，快樂一整天；上下之分不可廢，人我之際不可亂，先後之序不可少，內外之別不可無；過份客套是虛偽，過份奉承是諂媚；若說微笑是禮貌的幫手，是則真誠即禮貌的衣裳；若說些許的禮儀，可使生活甜美，是則更多的話，足使生命高貴。

我惡人人亦惡我，我慢人人亦慢我，我敬人一尺，人敬我一丈；彼此酬應，何損何辱？我讓人一寸，人讓我一分，彼此互動，何失何難？如果人生的十之八九在品行，那麼另外的十之一二就屬禮貌；禮貌真是永恆的美貌。

將來要馴獸師

幾個七八歲的孩子，在老師的誘導下，各自發表長大後希望實現的願望。

「我以後要當飛行員，保家衛國！」有個孩子說。

「我想當歌星，大家喜歡！」另一個也說。

「我長大後想當總經理，好有錢！」也有一個說。

最後，一個嬌小羞怯，抱著玩具熊的小女孩，囁嚅的說：「我將來要馴獸師！」

「哦！你難道不害怕高大的動物，尤其和老虎一起關在籠子裡的時候？」老師十分訝異的問。

「我不怕！」小女孩說：「因為我有媽媽陪著！」

二十年後，她真的成了世界最大馬戲團的台柱。

志之所趨，無遠弗屆，雖高山大海不能限；志之所嚮，無堅不摧，雖銳甲精兵不能禦；志不立，天下無可成之事；志即立，天下無不成之功；小女孩的心想事成，宿願得償，足以強調：偉大的成就必來自遠大的抱負。

有志者事竟成，足氣者必有功；照著一定目標去走是志，卯足力中途不恍惚是氣，兩者合起來是謂志氣；志立則心定，心定則事成；騎馬要有韁，行船要有舵，立身要有志；有願就有力，有心就有果；工作隨著志向走，成功隨著志向來；人而無志，猶無舵之舟，不適遠行；志一放倒，百事無成，虛度一生；真正的才智，是剛毅的的志向；雄心和壯志，就是飛向目標的雙翼。

學海無涯勤是岸，青雲有路志為梯；英雄不怕出身低，豪傑多從卑微生；人不怕才力不足，就只怕志向不立；只要有志力，世界無遠近；只要肯發心，歲月無短長；貧莫貧於無心，賤莫賤於無志；立志以定其本，發心以恆為志；天下未有有其志而無其事者，亦未有無其志而有其事者；小人恆立志，君子立恆志；只患志不立，何患名不彰；學在苦中求，藝在勤中練，不怕學問淺，只怕志氣短；你生命的榮枯，就看你自已怎麼去培養。

立志的人，才有目標；實踐的人，才會成功；馬行軟地易失蹄，人貪安逸易失志；我們身處什麼樣的生活環境都不要緊，我們決定朝什麼樣的方向前進才是重要；我們可以失敗，但不可以失志；我們可以失望，但不可以絕望；立志須作高遠想，閒談不過五分鐘；若說工作是事業的旅程，那麼立志就是事業的方向；畢竟，人之能，就在要，人之行，就在志。

下駟對上駟

古時候有個貴族，經常參加國王在宮庭所舉辦的賽馬大會，每比必輸，這天回家心情鬱卒，他的軍師詢其原因，他悶悶不樂的說：

「我每次參賽，馬都是經過精挑細選的，可是，我的上等馬和國王的上等馬比，中等馬也和他的中等馬比，下等馬也和他的下等馬比，卻一比就輸，相繼敗陣，令人氣餒！」

「主公！」軍師腦筋一轉，微笑說：「何不以下等馬和國王的上等馬比，這當然會輸，但接著以您的上等馬和國王的中等馬比，自然會贏，如此拉平了，最後，您以中等馬再和他的下等馬比，不就可又勝一場嗎？您試試！」

果然，三戰兩勝，扭轉乾坤。

上有政策，下有對策；上有辦法，下有方法；窮則變，變則通；贏的策略就是：主客易位，正面顛倒，打破均衡，集中優勢，變不可能為可能，軍師的獻計，反敗為勝，的確深諳戰術的要領。

炫目的圖畫，是由繽紛的彩色繪成；悅耳的樂曲，是由頓揚的音樂譜成；可口的佳餚，是由濃淡的味料調成；兵無常勢，水無常形，事無常師；作事守章程，而不知權變，不啻依樣之葫蘆，為人循矩度，而不見精神，無殊登場之傀儡；死腦筋的人，迷信教條；動腦筋的人，相信技巧；呆板的思考，何異綁手綁腳，難以作為；最足以抹殺天才的，就是墨守成規和食古不化。

應用之妙，存乎一心；上兵伐謀，全勝在謀；以正合，以奇勝；聲東擊西，避強就弱；能而示之不能，用而示之不用；近而示之遠，遠而示之近；強而示之弱，弱而示之強；實則虛之，虛則實之；合而分之，分而合之；以曲為直，以患為利；體常馭變，於變求常；變複雜為簡單，圖困難為容易；轉紛亂為條理，化腐朽為神奇；出敵不意，乘敵不備；隨機作應變，運用方自如；順風而呼者易為氣，因時而行者易為力；通其變，天下無弊法；執其方，天下無善教；戲法人人會變，就在巧妙不同；不知轉彎的人往往走不遠的。

悲歡離合，所以充實人生；陰晴圓缺，所以豐富世界；大地的魅力，即在變化之美；智慧的光彩，即在創造之巧；天下沒有完美的方法，但總有更好的辦法；腦筋急轉彎，思路一片寬；世上惟一的不變的字就是變；漂亮本來就是用靈活妝扮的。

銅錢兩面都朝上

從前有個將軍南征，知道戰爭地區盛行卜巫占術等，軍心深受影響，所以出發前，集結大軍，聲明要與神訂約，他拿出一百個銅錢，當眾祝禱上蒼：

「如這一百個銅錢，全部正面朝上，就表示天神在助我軍大勝！」

左右官員惟恐效果相反，紛紛勸阻，但將軍執意照做，只見其揮手一扔，銅錢落地，全軍摒息注目，還真是全部正面朝上，歡聲雷動，士氣大振。

「好了！現在用一百個釘子，將銅錢釘死在地上，用青紗蓋固定，得勝歸來，再好好謝謝神靈！」

此役果然大勝，將軍履約，取出銅錢歡宴謝神，大家才發現，這些銅錢兩面都是一樣。

天象遠，人事近；指望神明不如健全心靈，講究迷信不如提升人性；不悉人情無於得心，不察心態難以服人；將軍成功地導正軍心，有效地激發戰志，充分證明：勝利就是瞭解人心，運用人性的最高藝術。

人的心性係意識的移植，為刺激的反應，是行為的主宰；趨吉避凶，心之常態，祈福消災，人之常情；安全之餘圖舒適，舒適之後求美觀；需要之餘爭尊嚴，尊嚴之後追成就；人格特質有內控與外控，心理傾向有從眾與恃眾；善用人者，舉百鈞若一羽，善用眾者，操萬旅若一人；不論如何，人性絕對是宜疏導而非壓制的。

兵戰之妙，攻心為上；企管之要，收心為主；卓越的經營是，個性與群性兼顧；高明的領導是，張力與潛力均重；傑出的指揮是，感性與理性並為；上者盡人之智，下者盡己之力；用人之道，先得人心，始得人力；三分物理，七分心理；三分物資，七分精神；未得其地，先得其人，未收其人，先收其心；人心的向背，總是有賴心靈者多，靠權力者少；待智者宜謙，待庸者宜寬，待善者宜恭，待惡者宜厲；八分人才，九分運用，十分待遇；對人性的認識，是政治的開端也是結束。

知人先知心，帶人要帶心；知心對知心，一輩子都舒心；真心對真心，一輩子都交心；以心傳心才見真心，將心比心才得知心；我們要合多心為一心，就要多多用點心；我們要化阻力為助力，就要好好努些力；畢竟，身先才可以率人，傾材才可以聚人，量寬才可以得人，律已才可以服人。

乾脆早點還錢

有個律師開補習班，與學生約定上課報名時，先繳學費百分之五十，為了強調教學有效，剩餘一半，可於該生畢業打贏第一次官司時再繳完。

其中有一個學生畢業後，始終不打官司，致百分之五十餘款，一直未見繳還，律師屢催無效後，要控告該生，並說：

「我贏了這場官司，你就得付還這筆學費餘款，如果，你贏這場官司，照以前的約定，你還是要付清這些餘款，所以乾脆早點還錢！」

但該生不慌不忙的說：

「才不是，老師！我贏了這場官司，法院會判我勝訴，那就不必付還餘款了，如果，你贏了，那表示我根本沒打贏第一次官司，依約定我也可以不必繳還餘款，對不對？」

知識是經驗的累積，智慧是聰明的結晶；愚者決定其原因，智者辨識其理由；這個故事，令人感悟，知識是提供怎麼走上這條路，但是，智慧才知道如何開闢多條路，智慧真是靈魂的太陽。

知識住在全是別人想法的腦袋裡，智慧則在全是自己內心的靈魂中；知識很驕傲，以為知道很多，智慧很謙虛，因為都說無知；知識能讓你充實餘生，智慧則令你不枉此生；智識是座發掘不完的寶藏，智慧就是開啟寶藏的鑰匙。

智慧是人類敏銳的洞察力；智慧不是死的默念，而是生的沉思；沒有人可給我們智慧，而是我們必須自己找到它；見識廣，智慧多；沒有高於智慧的財富；智慧之於心，猶如健康之於身；心中有智慧優於手中有金錢；愚者對已成之事還不瞭解，智者在未萌之時已經明白；真正的智者，才是知道那些最值得知道的事，並做那些最值得去做的事；最穩當的保證人，可不就是自己的智慧。

如果把人生視為一個問題，我們可以用知識來解決，如果人生發生了問題，我們就必須用智慧去處理；我們若回憶時，常常在笑，那是知識幫助自己成就；我們若思考時，往往會哭，那是智慧提升自己成熟；的確，不去運用智慧是固執，不會運用智慧是愚蠢，不敢使用智慧就是奴隸；當我們把所有的愚昧淘盡，就會看到沉在最底下的智慧了。

你能看出什麼嗎

有個偵探和助手，為了案情需要，在一處荒地露營，睡到半夜，被露水冰醒，偵探輕輕地問助手，說：

「向上看，你有沒有看到什麼？」

「我看到滿天星斗！」助手答。

「你說，這代表什麼意義？」

「我想，宇宙中有這麼多的星球，顯示我們太渺小了，無盡的蒼穹，值得我們努力不懈的去發覺，以不負此生……」助手滔滔不絕的抒發感想。

「我的意思是，你能看出什麼嗎？」

「滿天星斗，應該表示明天是晴天！」助手有問必答，突然，他抿住嘴，若有所悟的說：「偵探先生，這對你又傳達了什麼訊息？」

「對我來說，意思是有人拆了我們所搭蓋的帳蓬。」

聽者聽於無聲，明者見於無形；留心，能發現問題；研究，能解決問題；高明的偵探，見微知著，謹小慎微，果然內行；細密的觀察，足以使所有的徵候，無所遁形。

觀察是種理解；不審不聽，不察不明；耳聞是虛，眼見才真；有風方起浪，無潮水自平；不觀高崖，不知墜顛之患；不察巨海，不知風浪之危；自已的一隻眼，勝過別人的兩張嘴；細心留意看，經常會發現奇蹟；看清誰是主角，等於找到一個老師；天才也不過是種高超的觀察能力；觀察確為安全的保障。

悔悟於後，不若省察於前；不知今者，可察之古；不知來者，可視之往；察已可以知人，察失可以知得；察近可以知遠，察隱可以突顯；人看細，馬看蹄；察其聲氣，而測其度；視其聲華，而知其實；聽其聲勢，而測其力；考其聲情，而推其微；聽話要末了，看人看後半；聽人說話，多用眼睛，少用耳朵；視其所以，觀其所由，察其所安；不思考，眼睛再大也不管用。

月暈當知風來，礎潤當知雨至；行船看風，拉車看道；起床先看天，進門先看地；買瓜要看皮，買針要看眼；避免盲動與誤導的基本方法，就是觀察；觀人所未見，察人所未覺；人生兩眼一舌，不就是證明，觀察要多於表達？多看要優於多說？

就是你自己

某地的一個步兵班，實施夜間實彈演習，就在戰火正熾之際，班長突然聽到一玫砲彈，炸在附近。

「臥倒！」他勇敢的大聲指揮。

事後，依規定該要清查傷亡情形，他開始清點人數。

「張得功！」

「有！」有人應答。

「李得勝！」

「有！」也有人回答。

他逐一清點，頗感安慰，弟兄健在，證明訓練有素，接著唸道：「陳得寶！」

可是沒有回答，他心想完了，最擔心的事不幸發生了，心頭一緊，就忍不住拉高嗓子，大聲叫道：「陳得寶------」「陳得寶------」

這時，黑暗中悄悄地冒出一個聲音：

「班長！陳得寶就是你自己啊！」

識定者權衡有準，膽定者雷霆不驚，緊迫時來看穩重，危急當中見鎮定；一切言動，都要安祥；十差九錯，都是慌張；倉皇失措的班長，由於緊張，以致失衡，因為慌張，所以失態；故事雖嫌諷謔，寓義頗值惕勵。

鎮定是治事的內在修養；安則不為人駭，定則不為人撓；遇變一味鎮定從容；縱紛若亂絲，終必就緒；臨機十分沉毅自然，雖危如疊卵，終會妥當；酌貧泉而覺爽，處涸轍而猶歡；遇繁而若一，履險而若夷；暴雨擊頂而無恐，疾雷破柱而不亂；喜不應喜無事之事，怒不應怒無怒之物；臨危不亂，處變不驚；鎮定真是勇者必備的要素。

忙而鎮之以定，亂而練之以潛；事當危急，務宜應之從容；時極張皇，務宜持之鎮定；卒然加之而不驚，無故加之而不慌；處大事當小事，處有事當無事；意外事，沉住氣；重要事，睜開眼；憂先於事，故能無憂；治先於萌，當必無懼；環境雖似驚濤駭浪，心情要如光風霽月；狀況既使地動山搖，態度要似雲淡風輕；人應該像茶葉一樣，只有在滾水中才能顯露出真正的價值。

寵辱不驚，看庭前花開花落；去留無意，望天空雲卷雲舒；做事寧可慢些，不要太急而錯誤；做人寧可笨些，不要太巧而敗事；欲遇變而不慌忙，須於平時念念守得住；欲臨難而無怯顧，須在到時事事看得輕；我們要學到鎮定的修養，何不就在日常生活中陶冶；我們要養成鎮定的功夫，何妨在異常狀況下實踐。

慢慢前進

有個國王下詔徵求一名可靠的駕駛，經過篩選，最後僅得兩名非常傑出的人才，國王親自主考，地點選在一處頻臨懸崖又是急轉彎的道路。

「這種高危險道路，你駕駛看看！」國王要求其中一位，實際操作。

「沒問題，看我的！」這位駕駛自信滿滿，熟練的吆喝馬匹，揮鞭急駛，以最快速度，一下子就轉過急彎處，絲毫不受車旁就是懸崖的危險影響，技術之高超，贏得滿堂的喝彩。

「你也來試試！」國王同樣測驗另一位。

「陛下！我來操作，一定會親自在車前引導馬匹，慢慢前進，小心的經過這種危險的地段後，再迅速奔進。」

最後，國王錄用了後者。

行坦途者肆而忽，故疾走而易蹶；行險路畏而慎，故徐步而不跌；患由疏忽生，禍從細微起；這位國王睿智的選擇，足以強調，謹慎就是最佳的安全保障。

星星之火，可以燎原，涓涓之水，終成江河；積羽成舟，群輕折軸；立名以一生，而失之僅頃刻；勿輕小事，小隙沉舟，勿輕小物，小蟲毒身；小事成就大功，細節成就完美；天下大事必作之細，天下難事必作之易；一失足成千古恨，再回頭已百年身；疏忽比沒有知識，更容易釀成巨災。

謹慎是智慧的長子，謹慎不是自私，更不是吝嗇；凡事慎重，必不致大錯；一生謹惕，便起碼小成；莫取沸湯中之金，莫舔刀口上之蜜；一事不留心，便有一事不得其理，一物不留意，便有一物不得其所；瓜上不納履，李下不整冠；眼要亮，亮不吃虧，口要謹，謹不惹禍；膽要小，小不妄為，氣要平，平不執拗；人人道好，須防一人著惱，事事有功，須防一事不終；謹慎雖不能增進快樂，但足可撫慰恐懼；可愛固然使人心動，可靠才會叫人心安。

小心則天下去得，大意則寸步難行；事前多操一分心，事後少擔十分憂；在為人方面，我們懷著一顆如臨深淵的心情謹言，大事也會成小事；在處事方面，我們抱著一種如履薄冰的態度慎行，有事也會變成沒事；謹小慎微，真是靈魂的忠實保鏢。

不像是下雪的日子

從前，有倆個年青人，一個叫趙大，一個叫孫二，雖然家境都不錯，不愁點燈看書的油錢，但是兩人都想效法古人映雪照明和囊螢聚光的精神，刻苦自勵。

這天，趙大走訪孫二未遇，對其家人表示：

「應考在即，我以為孫兄會利用時間在家苦讀，特來請益，不知他目前何在？」

「出門去捉螢火蟲，已經好多天了！」

隔些天，孫二也回拜，但見趙大閒坐客廳，凝望天空，無所事事，孫二問道：

「趙兄，為何不握時光，好好讀書呢？」

「我在看，今天不像是個下雪的日子！」

依賴是怠惰的托詞，等待是疏懶的藉口；夜坐當惜燈，晝坐當惜陰；勿謂今日不學有來日，勿謂今年不做有來年；趙大孫二這對活寶，名為製造情境，實則浪費光陰；延宕與等待，真是成功的最大障礙。

拖延是時間的賊，也是失敗的製造工廠；等待之母，必生惰而不能做事之女；懶惰是怯懦的兒子，而疏忽就是懶惰的兒子；疏懶在所有的浪費中，是最奢侈與昂貴；行動過遲等於不為；凡是喜歡拖延的，即使有時間也不會運用；蹉跎，既是沒有希望的期盼，也是沒有智慧的聰明；明日復明日，明日何其多，我生待明日，萬事成蹉跎；拖延真是一種最具殺傷力的拒絕方法。

行動是拖延的解藥，決心是不能容許拖延；今日事，今日畢；做一事，期一效；計一日，程一功；一天的工作不能完，一年的計劃會落空；智者的時間，因其發奮而延長；愚者的時間，因其拖延而消耗；失敗的人，總是稍後再說，成功的人，則是馬上就辦；愚者迷失於當下，後悔於過去；智者行動於當下，解脫於未來；曾經的已成回憶，未來的應該努力，現在的更要爭氣；此時此刻盡力而為，下一刻便會佔盡優勢；有心利用時間，就會有的是時間；你是沒有可能留住今天，但你卻是可以不必糟蹋今天；今天才是我們擁有的惟一財富。

業精於勤荒於嬉，行成於思毀於隨；被充分利用過的一天，將為人們帶來一夜的安眠；被充分利用過的一生，則為人們帶來一世的安穩；怠於今日，則明日更難；拖過今天，則明天更長；總結昨天的事，是安心；準備明天的事，是放心；只有做好今天的事，才是用心；也別為昨天的事懊惱，更別為明天的事擔憂，只要擁抱今天才是可靠；不錯，今天的亮度才能照耀明天的長度，今天的強度才能奠定明天的深度。

慈善舞會

在一個慈善舞會上，有位毫不起眼，未打領結，服裝並不出色，但身價卻是數十億的大企業家，誠懇的邀請一位女士跳舞。

這位女士一向自我意識強烈，總是自認見過世面，富有智慧又光鮮亮麗，因此，非常驕傲地問大企業家：

「在這麼多女士中，你獨獨挑中我，是因為我亮麗的外表吸引了你?還是因為我的睿智?」

企業家思考了一下，回說：

「都不是!」

「那又是為什麼?」這位女士疑惑不解的說。

企業家一臉客氣的說：

「如果我沒記錯的話，今天的舞會，應該是慈善舞會吧!」

你對人有情，人對你致意；你對人刻薄，人對你冷漠；你敬人一尺，人還你一丈，

你傷人一次，人恨你一生；這個笑話，意在言外，這位貴婦的傲慢驕矜，換來了自取其辱，足證慢待別人，必遭別人慢待；尊重別人，方得別人尊重。

尊重就是彼此對利害的相互讓步；親切的尊重是聯繫社會的鏈條；不尊重他人的自尊，就像一顆經不住陽光的鑽石；尊重不是讓他分享你的所有，而是幫他發現他的所有；人抬人高，人貶人低；樹挨樹，人捧人；一切真摯的愛，都是建築在尊重上面；尊重別人就是尊重自已。

要當皇后，先把丈夫當國王；好稱人惡，人亦道其惡；好憎人者，人亦對其憎；敬人者，人恆敬之；欺人者，人恆欺之，慢人者，人恆慢之；尊重別人，就不該只顧自已；良好風度的測試，就是與那些惡劣的人，能否和悅相處；能以和藹之容見人，必討人歡；能以謙沖之氣處人，必受人尊；能以恭敬之心待人，必能人重；能以讚賞之言與人，必得人和；尊重要懂得謙卑，否則就是刁蠻；取笑別人短處，自已就是個短處；尊重誠為待人處世的基礎。

臨事須替別人想，論人先從自已看；我們對人尊重的程度，就影響了自已在別人心中的份量，我們對人欽敬的誠意，就決定了自已在他人口上的評價；在要求別人之前，我們何不檢討自已，在責怪別人之前，我們何妨觀照自已，誠然，尊重上級就是種教養，尊重長輩就是種應該，尊重下屬就是種美德，尊重對手就是種大度，尊重智者就是種學習，尊重弱者就是種善良，尊重親友就是種關愛，尊重客戶就是種禮貌，尊重所有的人，那就是安全。

我怕腿會痛

有一頭大象，跟隨馬戲團到處表演維生，由於體積龐大，力量無窮，稍有失控，亟易傷人，主人每次外出，就用鐵鍊綁住牠的一隻腿，限制其活動。

這天，馬戲團突然發生大火，獅子老虎等都已奪門逃脫，見牠還在欄杆裡面，急得團團轉，獅子忍不住在外面高喊：

「喂！趕快用你的身體，輕易地推倒欄杆，就可脫險了，快啊！」

「不行了，我的腿被鐵鍊綁住了！」

「蠢蛋！以你的力量，腿一抬，鐵鍊就斷，還不趕快！」老虎也幫腔打氣，激勵逃生。

「可是！我怕腿會痛！」

如此這般，不幸終於來臨。

明察秋毫之末者，視不能見泰山；耳聽清濁之調者，聲不能聞雷霆，因小則將失大，貪近則難圖遠；這個寓言，足為人戒，大處不算小處算，一下去掉命一半，如果吝嗇眼前，又怎能看到周圍？

知視則目盲，近利則智昏；見細則不廣，貪小則失大；人常見利不見害，魚易見餌不見鉤；因貪一技草，將失兩件寶；貪得便宜柴，燒掉夾底鍋；竭澤而魚，後不得魚；焚林而禽，終不得禽；檢了芝麻，丟了西瓜；小洞不補，大破吃苦；人雖被高山絆住，卻常在小丘跌倒；使人精疲力竭的，往往不是眼前的山，而卻是鞋底的沙。

治大事者不治細，成大功者不成小；觀遠者不顧近，慮大者不計小；圖遠者不拘近利，夢大者不計小名；規小節者，不能立榮名；惡小難者，不能成大材；不安於小成，然後可以成大器；不誘於小利，然後可以立遠功；大行不顧細謹，大禮不辭小讓；別在雞蛋孵出之前取雞，任大事者，眼光看到將來，力量要用於現在；低著腦袋的，永遠無法看到彩虹；捕捉影子的，永遠將會失去實物；遠行者，是不能讓蔓藤纏腳，負重者，是不能叫稻草壓倒。

成大功，不顧小譽；建遠略，不期近效；辨大事，不恤小恥；立大事，不貪近功；見之可細，觀之要遠；常將有日想無日，莫待無時念有時；殺雞取卵，智者所不為，卸磨殺驢，識者所不取；捨本而逐未，必因小而失大；所以，我們絕不能為賺財聚富，而失去了健康；我們絕不為爭權奪勢，而失去了快樂；我們也不能因短視近利，而失去了理想；我們也不能因簡單輕鬆，而失去了價值；我們更不能因貪圖一時，而從此失去了一生。

小心砸掉飯碗

大華的學校舉辦畢業生笑話比賽，題目是「求職的困難」，結果他得到冠軍，他是這樣說的。

一個離開校門急於找工作的年輕人，到處碰壁，所幸最後總算在動物園謀到一份差事，原因是動物園內的人猿死了，經理見他人高馬大，聘他權充一下。

於是他披著猿皮化裝成人猿，整天手舞足蹈，渾然神似，遊客也尚未看出破綻。有天，他在樹上盪鞦韆，沒想到樹枝脆弱，禁不住搖晃，不慎飛向隔壁緊鄰的獅籠跌去。

「救命啊┅┅」見到虎視眈眈的獅子，他忍不住大叫。

「住口！」獅子向他撲去，輕聲說：「噓┅┅小心砸掉咱們的飯碗！」

原來獅子也是由人冒充的。

在酸楚中解頤，於傷感中開懷；由笑話中悟理，從風趣中得道；哈哈一大笑，煩惱都拋掉；大華的笑話，妙在弦外，引人入勝，在說笑中，道出當今了年輕人求職的辛酸，笑中含淚，笑果的確出眾。

幽默是種含蓄思想的微笑；它是心理健康的調味品，也是人際和諧的粘著劑；說話風趣的人，樂天知命；妙語解頤的人，豁朗灑脫；樹怕沒皮，人怕沒趣；豐富的幽默感，不但歡悅別人，而且娛樂自己；幽默有益鬆弛神經，笑聲可以振奮精神；幽默確是真理的輕鬆一面；既是心靈的光輝，更是智慧的燦爛。

幽默不是滑稽，亦非戲謔；幽默需要智慧與機敏；雅而不俗，諧而不謔，慧而不黠；可以意會不可言傳，能夠感受不能說穿；尊重道德而不為道德所拘，服從權威而不為權威所屈；笑一笑，少一少，吵一吵，老一老；上乘的幽默，莫如自我調侃；高明的笑料，莫過耐人尋味；幽默真是生活的最高藝術。

眼前一笑皆知己，座上全無礙眼人；一個笑話，一片爽朗；一句幽默，一陣歡樂；要長壽嬉嬉笑戲眉莫皺，要人緣多多詼諧話才甜；開心不會累，生氣才累；歡笑不會煩，憂鬱才煩；健康快樂的人生，就是懂幽默，愛幽默，能幽默，常幽默。

吵成一團

有個人過橋時，沿著橋邊走，旁人提醒他非常危險，要看仔細，千萬不要「踏了空」掉到河裡，這人聽成「偷了蔥」，頗為不快，便吵了起來，正好有人路過，順便請其評理，殊不知這人聽了倆人的話後，也火大了，怒道：

「你們倆人真好笑，憑什麼說我「盜了鐘」？」

三人愈吵愈兇，拉扯到官府，各自嚷嚷鬧鬧述說經過，話沒說完，法官拍了桌子，罵道：

「朝廷設置衙門，規定面向南，你們憑什麼說「朝了東」？」

四人又吵成一團，這時法官妻子正好在屏風後，偷聽審案，聽後怒不可遏，橫眉豎眼，氣沖沖的跑了出來，破口大罵：

「法官又沒做什麼錯事，你們憑什麼叫我「換老公」？」

吃菜吃心，聽話聽因；話說明白則無誤，事聽清楚必不訛；不去說明白是固執，不

會說明白是傻瓜，不敢說明白是對立；這個笑話，很有意思，人與人之間，如不能有適當的溝通，往往就會引起不必要的誤會與爭執。

溝通是聯絡兩個心思的捷徑；溝通是平等的交流和雙贏的對待；溝通是你來我往最有效的調和劑；溝通與協調乃一體之兩面；說清楚的問題，其實已是解決了一半；尋找真理的人，必須聽聽敵人的意見；溝通的好處，不是把事情說得有多好，而是對事情知道有多深；即使在太空時代，最重要的資訊，還是存在耳朵與耳朵之間。

溝通最直接有效的方法是面談；溝通三前提：停聽看；溝通三動作：微笑注視點頭；先傾聽，再傾訴；要對話，勿對立；少教訓，多溝通；可以堅定，不可固執；所謂耳聰就是傾聽，所謂目明就是凝視；交淺不言深，對事不對人；多說我們少說已，多用幽默少用氣；不要打破沙鍋追到底，還問破鍋在那裡？溝通不是決定於對事情說得有多棒，而是決定於事情被了解得有多好；愈壞的消息，就該用愈多的力氣去溝通；溝通就是生活。

共識是對一個問題的交集，包容是對不同意見的尊重；兩喜必多溢美之言，兩怒必多責難之話；發問也許會造成片刻的尷尬，誤會則將導致一生的苦澀；推心置腹的談話就是心靈的展示；如果吵架，那才是溝通最下乘的方法；如果爭執，那才是世上最遙遠的距離。

又不是說你們

從前有個富翁，他不會說話，又很愛面子，每逢拜拜，總喜歡鋪張一番。

有一天，又逢拜拜，發出了十多張帖子，只來了六個客人，富翁頗為焦慮，脫口而出：「該來的怎麼不來？」。

六個客人中的兩位，既敏感又難過，自忖：「難道我們是不該來的嗎？」，一氣之下，拂袖而去。

富翁言者無心，深感不安，急忙解釋：「怎麼不該走的走了！」。

剩下四位中的兩人，聽了也相當難過，心想：「他兩人不該走，那麼該走的是我們！」，一氣之下，奪門而出。

富翁見狀，又急又氣，結結巴巴的挽留，說：「我又不是說你們四個人！」。

此話一出，僅剩的兩個客人也走了。

不會說笑話的人，說笑話常鬧笑話，不常說實話的人，說實話不像實話；會說的人想著說，不會說話人搶著說；富翁的話，枉費口舌，到處得罪，令人啼笑皆非。

舌可謂是非之根，口亦是福禍之門；言語如箭，一發難收；可與言不言是失人，不可言而言是失言；不必言而言謂多言，多言招尤，不當言而言是盲言；盲言賈禍，多言取厭，虛言取薄，輕言取辱，人的舌頭，經常搖動出它主人的不幸，恰當的言語，才是最像銀匣子中的金蘋果。

是非只因多開口，話不投機半句多；言如到口邊，三思更好；事縱放得下，再慎何妨；話多不甜，膠多不黏；十語九中未必稱奇，一語不中愆尤並集；悔恨是由說而生，智慧是由聽而得；說得太多的，想的是最少；凡知當言之時，亦知應默之刻；先別想要說什麼，先聽別人想什麼，最不值得的冤枉和誤會，就在言者無心，聽者有意。

說話看勢頭，辨事看風頭；說話周到比雄辯好，措詞適當比恭維好；會說話的人，思索後才張嘴，不會說話的人，脫口後才回應；如果不加考慮就說話，何殊不用瞄準就開槍，只有愚者的心臟，才會經常跳到唇邊，是的，水深無聲，人穩不語；話不在甜，入心即暖，情不在熱，貼心最真；話多不如話少，話少不如話好。

這石頭是暖和的

據說在一處深山的湖畔，盛產一種色黑質硬的鵝卵石，可提煉成金，價值不菲，這種石頭外形與一般石頭並無明顯不同，只是觸手稍熱，很容易辨識，一個尋寶人知道後，開始一顆顆的尋找。

「是個冷石頭！」他感覺在手上的石頭冰冷，知道不是寶石，就扔到湖裏，接著，他再拿起一個。

「又是個冷石頭！」，他一面說，一面又丟到湖裏，就這樣經過了兩年，石頭不知被他扔了多少？

這天，他又開始尋找，不假思索後，又順手一擲。

「哎呀！不對，這石頭在手上是暖和的。」

他懊惱的大叫，可是，石頭在他下意識的動作裏，已飛去不見了。

習以為常易定型，慣以成性難變遷；少成若天性，習慣成自然；尋寶人錯失了到手的財富，後悔不及，歸根究底，誠習慣使然；習慣真是一個人行為與思想的真正領導者。

習慣是第二個自我；習慣是人情上最深的法律；習慣是生活裡最常的嚮導；習慣不會說話，卻是行為的代言人；我們起初養成習慣，之後習慣造成我們；習慣不是最好的僕人，就是最壞的主人；播種一個動作，收獲一個習慣；播種一種習慣，收獲一種性格；養成一生性格，造就一輩命運；習慣形成性格，性格決定命運；我們會成什樣的人，全看我們重複在做什麼事。

習慣是規範人生的模板；習慣是在習慣中養成的；教育就是最早期的習慣；美德大多依附好習慣，劣行泰半配合壞毛病；良好的習慣，有如鮮花，每在無意中綻放芬芳；不當的習慣，有如野草，每在疏忽時蓬勃蔓延；習慣不加抗拒，很快成為必需；人們喜歡習慣，因為造成它的就是自己；可以叫習慣停止的習慣就是決心。

習慣之初如絲縷，習慣之後如繩索；你沒有誠實的習慣，難有無瑕的行為；你沒勤儉的習慣，難有無憂的生活；如果你能作息規律，自然起居正常；如果你能經常微笑，自然心情愉快；那麼，我們養成了簡單的習慣，生活的糾結自然就少；我們養成了理解的習慣，心理的矛盾自然就少；我們養成了開朗的習慣，心中的困擾自然就少；的確，只要是良好的習慣，我們何不就去：興趣化！常態化！生活化！

早就運用無線電

兩個外國人相互吹噓，他們自己的國家的文化，是非常具有相當程度的水準。

「文化就是奠定文明的基礎！」義大利人口沫橫飛的說：「我們國家的羅馬廢墟裏，居然挖出個電線桿，這證明兩千年前，我們義大利早就知道使用有線電報！」

這個日本人不甘示弱，也說：

「那也沒什麼了不起！文明才是優秀的結晶！」

「你能舉出具體例證嗎？」

「可以！」日本人加高了分貝說：「日本的文明，才是歷史最悠久，因為在我們富士山下的古廢墟中，就從未挖到過電線桿子，證明三千年前，我們就懂得運用無線電。」

自吹自擂，自說自毀；喜歡說大話，容易鬧笑話；再加風涼話，更是長不大；兩年學說話，一生學閉嘴；這兩人說話的誇張和離譜，真叫人不敢領教，自大加一點，就是臭，故事要義，不言可喻。

言語之惡，莫過於讒誚；說話不鄭重，便會少信用；狂言不當，謬行不斷；好大話者必小量，喜狂論者必輕諾；自已誇大的愈厲害，別人懷疑得愈強烈；言語之病，莫大於虛誣，說話之惡，莫過於譏訕；妄言者不負責，評價過份即是說謊；言過其實予人的印象，往往就是不成熟與不牢靠；最不瞭解自已的人，才認為自已最了不起；譏誚誠恭維之污辱。

天不能自高，地不能自厚；君子話簡而實，小人話雜而虛；得意時不說驕傲語，失意時莫說激憤話；話到快時留半句，理在真處讓三分；癢要自已抓才爽，話要別人誇方妙；狂妄之人無正直之友；話愈多談及自已，便愈少提到別人；鸚鵡面前休多語，小人身邊須慎行；你愈多談論自已的事情，就愈像在說謊；風流不在談鋒盛，袖手無言味最長；假如你希望別人說你好，你應該永遠不要自已說自已好。

溫良之舌，令人心暖，乖謬之嘴，叫人齒冷；玩笑切勿刺人骨髓，戲謔切勿中人心病；愚昧的時候說話，失禮節的多，狂妄的時候說話，沒誠信的多；強辯者飾非，謙恭者無爭；言寡尤，行寡悔；讓我們切記，聰明人的嘴是放在心上，愚蠢人的心是掛在嘴邊；喀喀叫個不停的母雞，只不過下一個蛋而已，不是嗎？

難道要我做嗎

有個部隊指揮官，非常重視生活教育，經常要求官兵整肅儀容，有天，他看到一個士兵犯了規，立刻叫到面前，大聲吼道：

「好傢伙，你看看上衣口袋紐釦，都沒有扣好，該罰，你說該怎麼辦？」

受了斥責的士兵，驚慌惶恐的回答：

「報…報告…指揮官，應…應…應該…立刻…把…把紐釦…扣…扣好！」

指揮官逼視著他，說：

「那不動手，難道要我做嗎！」

於是，這個士兵戰戰兢兢地，伸出發抖的手把這位指揮官上衣的口袋紐釦扣上。

律人必先律己，正己方可正人；命令只會指揮人，榜樣卻能吸引人；與其喊破嗓子，不如做出樣子；指揮官自己的服儀都不整，又如何表率群倫；顯然，好的榜樣才是最有效的軍令。

榜樣是最好的老師；身教是所有教育的標竿；一個好榜樣，抵得過一千次的辯論；上正下亦正，源清水亦清；以身先之，雖厲不違；以身勞之，雖勤不怨；形之正，不求影之直，而影自直；聲之平，不求響之和，而響自和；人不率，則不從；身不先，則不信；好的榜樣是看得見的哲理；以身作則就是領導的最高典範。

人不率，則不從；人不先，則不行；己身正，不令而行，己身不正，雖令不從；上樑不正下歪，上面下雨下面潮；上不緊，下不忙；上好欲，下多端；上無驕行，下無諂德；老子英雄兒好漢，老子反動兒渾蛋；老子偷瓜盜果，兒子殺人放火；上好德，則下修行；上好言，則下飾辯；上多故，則下多詐；上多求，則下多爭；上多事，則下多態；啟事在教誨，成事在榜樣；居上者不以至公理物，居下者必以自私牟利；優良的示範是最好的說服；要使別人跑得快，首先需要自己一路領先。

楚王愛細腰，宮中多餓死；吳王好劍客，百姓多創傷；以身教者從，以言教者訟；與其發號施令，不如身體力行；我們若身為長官或父母，千萬要注意；當我們在要求別人時，別人也在檢視我們；當自己在修正人家時，人家也在注意自己；畢竟，一次好榜樣，一個好宣傳；一次正形象，一個正能量；若說教誨是條漫長的道路，那麼榜樣就是條簡短的捷徑。

發現媽媽發明我

鄰居的孩子小毛，活潑可愛，有天問我：

「沈伯伯，什麼是步槍？什麼是機槍？」

「步槍是種射速較慢的槍，機槍比較快速。」我說。

「那麼，爸爸好像是步槍，媽媽就像機槍！」小毛答話。

對這孩子的聯想，我頗感興趣，不禁追問：

「為什麼？」

「他們在爭吵時，爸爸只說一句，媽媽就可說好久，又快又不停！」小毛這麼回答，不一會，他又問：

「什麼叫發現？又什麼叫發明？」

「發現是看見別人沒有看見的現象，而發明是製造別人製造不出來的東西，小毛，懂嗎？」

小毛抓抓頭，若有所悟，突然語出驚人，說：

「我又懂了，就是我爸爸發現我媽媽，最後發明了我！」

發現迥異發明，步槍不同機槍；莫把馮京當馬涼，勿植魯亥為魚豕；小毛的解讀，不鳴則已，一鳴驚人，非常精準，殊值莞薾；字句之不同，差之固毫米，失之卻千里；事實證明，文字不止影響時間，更是左右空間，文字真是文化的基礎。

文字的運用，妙在靈活，要在精煉；一字之誤，可獎可貶；一字之謬，見喜見悲；一語不中，千言沒用，一字用對，全句領會；文字的表現，重在組合，意在弦外；論文字最要知味，談寫作最要知醇；文筆之順在其情，文筆之美在其紋；啟承轉合，豈能無序，遣詞用字，焉可不慎；有情有義，方能感人，有血有肉，最能服人。

文字只是情意的符號，思想才是情意的結構；讀書習字，由外取材取料，表達成文，由內成思成慮；理念愈明確，文字愈清晰；思想愈豐富，文思愈敏捷；著筆不宜一昧熟，稱心還常三分生；杯中水亮閃閃，小道理可說得清；海底水黑沉沉，大道理要說得穩；世界是如詩篇的文字，靈魂則如詩篇的思想；寫文章，就要像提煉黃金那樣精純，才能歷久不減其光澤。

讀書使人淵博，辯論使人機敏，寫作使人精進；我們想作文生動，就得好好充實國學的素養，我們要立論精闢，就得多多厚植思想的內涵；文字可以記載精彩的生命，生命可以孕育豐富的文字；情動而言形，理發而文見；筆是心智之舌，文是思想之手；毋庸置疑，捨勤學苦修外，難有他途。

我是開了一張支票

有個富翁臨終時，叫了醫師，牧師和律師各一人到床前，表示一生享受慣了，死後怕變成窮鬼，日子難過，所以準備了三個大信封，每個裡面各裝現金五百萬，交代三人各一個，在他死後，擲入墓葬，事畢，三人聚會檢討執行情形。

「我承認，扣了四百萬元給教堂，餘下的才給他陪葬！」牧師臉紅的說。

「我要建一間新的外科手術室，所以留了三百萬元，其他的才放在墓穴！」醫師也很不好意思的坦白說。

「你們竟這樣虧待死者，我真不屑與你們為伍！」律師理直氣壯的咆哮不已，然後，說：「我是開了一張支票，把錢分文不少的還給了他。」

誠不一，則心不能專；信不一，則言不能行；煉鐵烈火中，看人諾言上；這三人受人之托，都不能忠人之事；故事雖屬虛構，寓義令人深刻；一言許人，千金不易，失去信用的人，其人格等於宣告了破產。

人言為信；信諾為最高的誠意；不信不立，不誠不行；信用既是無形的力量，也是無形的財富；信用是商人的第一生命；也是君子的主要標籤；言不信，行不果，不輕諾，諾必守；天有日方明，人無信不立；輕許則失言，輕諾則失誠，輕言則失信；謹守諾言就是緊繫關係的膠與繩；許人一物，千金不移；一言既出，駟馬難追；與其得黃金百斤，不如得季布一諾；重然重諾者，始得稱之完全之人。

信者不二；信譽比成就寶貴；馬先馴而後求良，人先信而後求能；與人交，要有情有義；與人謀，要有誠有信；有求而不許，始雖拂人心，而終不害乎信；諾人而不踐，始雖不拂人意，而終必害乎信；對人以誠信，人不欺我；對事以誠信，事無不成；能以信接人，天下信之；不以信接人，親友疑之；上不信，則無以使下；下不信，則無以事上；一言而適，可能卻敵；一言而得，可以保國；信用掃地，好似破境難圓；守信用勝過有名氣；寧可被欺騙，也不能讓人不信任；你要成功，就當把信用視為第二宗教。

言必行，行必果，果必信；信為立身之本，誠乃接物之要；盟約是形式，誠信才重要；人有求於我，既然答應，我們就要實踐；我有求於人，既然許諾，我們就要兌現；人字容易寫，無咎卻難做，信字容易說，無愧卻難辦；守信僅只是一種承諾，貫徹那才是一種人格；的確，自已既是說話的主人，自已也是說話的僕人。

不同的結果

從前，有個張姓考生進京應試，住在客棧，巧遇一位拆字卜卦的老人要為他算命，他正襟危坐，認真地隨手寫了個串字，老人端詳一番後，說：

「你這次赴考連中雙元，因為串字是兩個中構成的，可喜可賀！」

另一位在旁的林姓考生見狀，也要算命，照樣也寫個串字，老人看了他半天，說：

「你這次赴考，不但考不取，而且會有麻煩，要當心！」

「同樣寫一個串字，我們算的命，怎麼會有不同的結果？」林姓考生很不服氣的抗議。

「張生是非常正經的書寫串字，足見為人，但你寫的時候，漫不經心，似有所圖，所以成了患。」

後來，張生果如所算，林生也因舞弊而被被法辦。

聰明是不如確實，巧偽是不如拙誠；言忠信，行篤敬；以誠感人者，人亦以誠而應；真心誠意，敬謹將事，對已而能真，對人自無偽；毋怪乎，有患便成災，一串果掄元。

巧者，拙之奴；心術不正，其為材也劣；心地不良，其為器也淺；投機，通不過敵人；取巧，瞞不過世人；智高而不誠，將成大害；能幹而不專，將會大敗；挾智術以用心，早晚終歸失敗；因詐行而苦幹，先後必將無功；別具用心的人，雖為愚者所羡慕，雖受諛者所崇拜，但終將會為自已的別具用心所奴隸。

樹靠有根，人靠有心；天下事勝於敬而敗於忽；世間人成於真而失於偽；寧為世人笑我拙，勿為君子誹我巧；寧為君子譏我蠢，勿為世人諷我滑；為人行處貴落實，做事見處貴透徹；持高才而玩世，則品德心術，均見可惡；飾厚貌以欺人，則文章事功，俱無可取；真誠而無才，尚可立功，蓋心志專一；聰明而不實，必至憒事；因動機多偏；誠實也許會衰老，但決不會死亡；完全的誠懇，就是高等思想的基礎。

真誠不需假手於筆墨，美麗不須藉助於粉黛；太精明遭人厭，太挑剔惹人嫌；真誠才能相守，實在才配擁有；只要路對，哪怕路遠；只要緣深，哪怕緣遲；只要真誠，哪怕真蠢；內不欺已，外不欺人；我們處世誠誠懇懇不玩心眼，路遙一定知馬力；我們做人實在在不耍花樣，日久一定見真心；真誠確是最開放的心靈擁抱。

還是我贏了

有對鄉下夫妻，買了三張餅，一人吃了一張，剩下的一張，到底歸誰，兩人都不讓步，竟然大吵起來。

丈夫說：「夫字天出頭，丈夫最大，該我吃！」

「哼！丈夫！丈夫！只是一丈之夫，神氣什麼，應該我吃！」妻子絲毫不讓。

兩人爭得面紅耳赤，經協議後，餅放中間，一人坐一頭，誰先動口誰就輸，贏的可先吃餅。

於是兩人開始不言不語，到了深夜，一個小偷翻牆進來，兩人為了爭贏，都裝著看不見，不聞不問，小偷順利的竊得珠寶後，得寸進尺，順手吃起妻子豆腐，這時妻子再也忍受不了，大罵：

「死鬼！你老婆受辱，到這時，你還裝烏龜啊！」

「好吔！」丈夫得意的抓起餅，興奮的說：「還是我贏了！」

斤斤計較幾時休，怨怨相報何日了；與自己計較，會不快樂；與親人計較，會傷和氣；與現實計較，會更繼續；寧使妻受辱，不叫已吃虧；計較的心，往往使人與人之間的路，愈走愈窄；修人我，是不宜計較，重彼此，也不該計較。

計較是惡意的眼；計較是自私自利的同胞手足；計較是將無聊的事看得太重；計較足使衣衫襤褸而被暴露出來；計較是個大耳朵，什麼都聽得進去；壺小易熱，量小易怒；百種需索百種苦，千般計較千般累；計較是擴大細小事物的一面放大鏡；連小事情都會挑剔的人，通常是成不了大事。

得理要饒人，理直要氣和；十分計較，乃為人之大病；一味吃虧，誠處世之良方；嘴狠贏一時，心寬贏一世；如對已看得開，縱吃虧有限；若教人過不去，恐後患無窮；不計多少，不患得失；不較高下，不生是非；居心寬厚，條條坦道；為人計較，處處荊棘；緊握拳頭，好像滿掌多多，其實空氣也抓不住；張開雙臂，似乎兩手空空，但是世界俱在其中；有多少計較，就有多少痛苦；有多少寬容，就有多少快樂；心寬一尺，路寬一丈；人生的快樂不是因為擁有的多，而是計較的少。

多一份幽默，少一份計較；多一份體諒，少一份爭吵；三寸氣在千般計，一但無常萬事休；今天再大的事，到了明天就是故事；今生再大的事，到了來世就是傳說；不論你看得多遠，還有無窮的空間見不到；不論你算的多精，仍有無限的時間數不清；計較，永遠會使自已迷失；計較，絕對會叫自已孤單。

只到第一層地獄

從前有個官員去世後，專職菩薩審判其生平善惡，然後決定其下場，經發現劣跡很多，紀錄一大堆，而善事較少，僅奏章幾份，惟經秤稱，善的部份還有些斤兩，這個官員見狀，急辯說：

「我為官不及一年，那有那麼多罪惡？」

「只要一念不正，就是罪惡，」菩薩指出：「譬如看見女色，動了邪念，幫助別人，動機不純……」

他心想這下要被打入十八層地獄了，絕望中，指著那少許的奏章，想瞭解怎麼這些也會有斤兩。

「皇帝有次花天酒地，你顧慮勞民傷財，竭力上疏勸阻，幾乎遭到砍頭，這就是那份奏章的影印本！」菩薩說。

「可是，皇帝還是沒有採納啊！」

「朝廷雖不從，你的一念之仁，大家都感戴啊！」

最後，他只到第一層地獄。

一絲不忍的念頭，德被萬民之心；一點不為的動機，澤及百年之後；力雖不足，心卻有餘；行為雖有差失，心地且可教化；這位官員良心未泯，好心得好報，誠非當初始料；仔細探究人生的軌跡，一切的福禍得失與因緣聚會，往往不都是決定在一念之間與一剎之刻嗎？

發心不正，萬行歸空；一念瞋心起，八萬障門開；一念之慈，和風甘露；一念之嚴，烈日秋霜；一念之厚，春風化雨；一念之苛，朔雪凝冰；念頭不正，即是罪惡，動機不當，即是偏頗；故意為善，雖善不賞，無心為惡，雖惡不罰；無為而為者真，有為而為者假；純正的心念，足可使最微小的行動也高貴起來。

長短由於一念，寬窄繫於寸衷；一念之非即遏之，一動之妄即改之；動機狹隘，祿薄而澤短，樣樣規模有限；念頭寬舒，福厚而慶長，事事氣氛無窮；一念純良，可以醞釀兩間和諧；寸心潔白，可以昭垂百代清芬；為善不見其益，如草裡黃花，自能暗長；為惡不見其損，如庭前白雪，勢必潛消；我們怎樣的想，就成怎樣的人。

善終要慎始，正本要清源；一念之起，必加以考量，一言之出，必加以檢點；我們真要留心自已的思想，否則，一思一想都會造成終身的性格；我們更要注意自已的舉動，否則，一舉一動都會決定一生的命運；起心之時，豈能不省？動念之刻，焉可不慎？

我想通了

小陳是個保險業務員，每天競爭的壓力與忙碌的步調，總覺得日子空虛乏味，精神日益憔悴，終於病倒。

「你沒什麼大病！」醫生診斷後，開了三帖處方，吩咐說：「記住，一定要按指示的地點，按時服用！」

翌晨，他依指示一大早到了一座山頭，打開第一藥，準備吞服，但上面竟是寫著：「欣賞！」兩個大字，

他下意識環顧四周，巒翠嵐輕，空氣新鮮，回去後心頭頗覺舒暢。

傍晚，他在海邊，看到第二帖藥上，又寫著兩個大字：「傾聽！」

他閉上眼，聽海濤的節拍，偶有海鳥的啼叫，內心一片安祥，久久不忍離去。

睡前，他迫不急待的看完最後一帖寫的：「以後常去！」四個字，忍不住的喃喃自語：「我想通了！我想通了！」

清風明月本無價，近水遠山皆有情；登高使人心曠，臨流使人意遠；現在騰不出時

間調適，遲早會騰出時間生病；這個故事，沁人心扉，深刻地啟迪著：大自然是上帝的花園，也是靈魂的夢鄉，更是善良的慈母。

大自然是一切生命的搖藍；山之光，水之聲，誠文士之韻致；月之色，花之香，乃美人之姿態；山光悅鳥性，潭影空人心；春色見天地之粧飾，秋色見天地之精神；青青翠竹悉是真如，鬱鬱黃花莫非般若；十里水光心地朗，一林花色性天空；大自然對於蒙昧的人，是混沌一片；但對於靈巧的人，則璀燦無限。

大自然有著比教育更偉大的力量；自然界中蘊藏著治療一切疾病的秘訣；所有的藝術無非都是模仿自然；仁者樂山，智者樂水；青山清我目，流水靜我耳；對綠竹得其虛心，對松柏得其堅性，對芝蘭得其幽芳；觀白雲悟其捲舒，觀山岳悟其靈奇，觀河海悟其浩瀚；徜徉山林泉石間，塵心漸息；陶醉溪流雲物裡，俗氣全消；忙中偷閒，不妨郊外行；鬧中取靜，莫若原野遊；大地的悲哀，不是因為它的缺乏，而是人們對它的漠視。

歲月本長，而忙者自促；天地本寬，而愚者自隘；近水知魚性，上山識鳥語；久在江邊站，必有望海心；是的，風從水上飄過，留下粼粼波紋；陽光從雲中穿過，留下絲絲溫暖；月從樹林走過，留下圈圈年輪；只要我們常常溶入自然，就會留下滿滿的青春；只要我們時時接近自然，就可保持牢牢的健康；山水無言卻有情，每於寒盡覺春生，千紅萬紫安排著，只待新雷第一聲；我們不走向大自然，又怎能聽到這一聲？

一秒鐘後就給你

有個人債台高築無力償還，走頭無路之餘，靈機一動，求助上帝，他虔誠的說：

「上帝啊！凡間一千年的時光，在您看來是多少？」

「不過一秒鐘。」上帝慈祥的答覆。

「那麼，對於凡間所謂的一億元金錢，在您眼中又是多少？」

「在我看來，也不過一毛錢而已，毫無意義！」

「敬愛的上帝啊！我已經被逼得沒辦法了，您可不可以把這毫無意義的一毛錢賞賜給我！」

「可以！」

沒想到如此輕易得逞，他大喜若狂，簡直樂瘋了。

但是，上帝接著補充說：「一秒鐘後就給你。」

功非一蹴可成，財無不勞而獲；勤苦簡約，未有不得；僥倖依賴，未有不敗；不勞而獲的本質等於貪婪；不思而得的意義無殊依賴；天下沒有白吃的午餐，世上絕無現成的好處；這則寓言，足為殷鑑。

偷吃不肥，暴發不富；求不勞之利必招弊，務不當之名則取辱；一步登天，失足也快；一夜致富，萬中難一；由不實而得利益者終將損失；善人亦難有卒然而富之先例；大事業不能由小時間得之；未富既享富之福終不富，未貴既受貴之利終不貴；羅馬不是一天造成；金字塔也是由一塊塊磚砌堆而成；凡是有代價的東西，一定要付出代價的。

人心不足蛇吞象，慾海難填虎成犬；不勞苦，無所得；望人者不至，持人者不久，春若不耕，秋無所望；晨若不起，夜無所獲；不妄求則心安，不妄作則身安；悖入者必悖出；與其不富的收入，毋寧正當的損失；種植荊棘的人，永遠不可能收獲玫瑰；土裏能長金和銀，你不下力還是貧；既然想吃核桃，就得敲破它的殼；僥倖得來的財富中，是沒有幸福；以正直所收之獲，則乃真正的收獲。

知足者永不貪，貪婪者永不富；觀大海者難為水，悟自心時不見山；凡有望於人者，應先思己之所施，凡有求於天者，應先思人之所作；我們不比智力，也要比努力；我們不比起步，也要比進步；一分耕耘，一分收獲；若要怎麼得，必先怎麼栽。

假如我能抓到你

一個體重一百三十多公斤的大胖子，做什麼事都力不從心，經常為疾病所苦，情緒低落，於是求教醫師。

「我怎麼減肥都不成功，那個女孩會看上我？」

「我來替你想辦法！」醫師說。

翌晨，一個穿著緊身運動衣的美女，敲著胖子的門，說道：

「喂！假如你能抓到我，我就是你的女朋友。」

說完拔腿就跑，胖子興奮之餘拚命追，以後，天天如此，半年後，胖子居然瘦了五十公斤，健康大有進步。

這天，胖子滿懷信心，認為一定可以追到美女，不料，當他開門時，外面站著一個體重至少一百五十公斤，穿運動服的女生，神情愉悅的說：

「醫師告訴我，假如我能抓到你，你便是我的男朋友！」

流動的河水不會發臭，轉動的門栓不會生鏽；健康不良肥胖苦，運動不足疾病多；生命如果是一棟房子，健康就是生命的樑柱；失去了健康，什麼都沒有；故事中兩個胖子的願望，均在強調，健康就是一切快樂和幸福的基礎。

健康是人生第一好產業；健康是不必繳稅的大財富；健康的身體是靈魂的臥室，多病的身體是靈魂的監所；強健的心靈，多半寓於強健的體魄；有健康的人，便有希望；有希望的人，便有一切；人生病，不舒服；秧生病，不長谷；一分精神，一片事業，一身健康，一世本錢；當健康消失，快樂就跑掉；生命原就是健康的享受。

早起的鳥兒有蟲吃，早晨的嘴裡有黃金；對晨曦與春光的喜愛，是健康的度量衡；若要健，天天練；精神不運則萎，經脈不通則病；無勞汝形，無搖汝精；戕生之道非一，但莫大於好色；養生之道非一，但莫大於寡慾；冬不極溫，夏不極涼；食不過多，飲不過量；少吃肉類多蔬果，少發脾氣多微笑；口味清淡保健康，水份補充更重要；白天心情好，晚上睡個飽；多動動，常跑跑；飯後百步走，活到九十九；心頭事少，口中言少，肚量氣少，自然病少。

油箱滿，勁道足；體能強，衝力夠；健康是福，平安是壽；健康優於權勢，健康高於美麗；健康勝於財富，英雄也怕病來磨，天才也要有健康；當我們一切都失去，只要有健康就還有希望；天下沒有偷懶可得的健康；送牛乳的人，往往比喝牛乳的人健壯；活動！活動！我們要活，就得要動。

恭請核示

有個高層主管退休閒賦在家，整天無所事事，平常從不過問家中的事，現在經常嘮叨不休，稍不稱心，脾氣暴躁，全家雞犬不寧。

他太太想了個點子，每天早餐後，遞上一分卷宗，內容如下：

「謹呈本日菜單，午餐（紅燒排骨，番茄炒蛋⋯），晚餐（白斬土雞，青菜炒菇⋯），恭請鈞閱！」

主管喝了口茶，拿起紅筆批了個「可」字，內心頗感欣慰。

偶見氣氛不佳，太太又再送上卷宗，內容譬如：

「收到孩子本學期成績單，女兒小美成績全班第二，兒子小恩英文十分數學五十分，擬獎賞女兒手錶一只，並罰兒子禁足三天，是否可行，恭請核示！」

主管批示：「如擬。」

就這樣，全家又恢復正常，就像回到主管退休前一樣。

人事有代謝，往來成古今；老而不歇是命苦，退而不休亦辛苦，安而不樂也愁苦，閒而不適最痛苦；這個笑話，多少反映了現代人們經常出現的退休症候群，如何使晚景不致無聊，如何使餘生不會無趣，誠然，需要妥善的閒適。

閒適是靈魂的調息和安慰；睡眠是為了清醒，躺下是為了起來，休息是為了走更長的路；氣靜形安樂，心閒身太平；身適忘寒暑，心怡忘春秋；不能入眠的人，夜長；無法安逸的人，夢多；悠閒最是接近上帝的時刻。

峰高無坦途，得閒即是福；事若求全無可樂，人非看破不得閒；事煩腦清勞亦息，人忙心閒苦亦樂；梵香掃地清閒樂，茗茶聊天快活忙；身比閒雲，月影溪光堪證性；心同流水，松聲竹色共忘機；小鳥枝頭亦朋友，落花水面皆文章；不作風波於世上，別有天地非人間；事忙心不忙，人非我不非；閒居足以養志，至樂莫如讀書；學一份新知，緩一段落後；會一種興趣，少一段蒼老；做一趟公益，增一份青春；交一些朋友，多一點活力；有智慧的人，絕不過於勞碌；過於勞碌的人，絕不智慧。

退休，不是生命的休止，而是生活的轉換；須知百歲都是夢，未信千金買得閒；能閒世人之所忙，方能忙世人之所閒；閒適不在環境，而在心境；閒適不在活動，而在活力；老驥伏櫪，退休仍可高唱晚安曲；蒼松傲雪，餘生尚可輕譜夕陽樂；只要，妥切的心理調適，具體的生涯規劃，有效的時間管理，那麼，退休反而是開始，閒適才叫做享受。

就這樣累垮了

有次，上帝對於陸續報到的人，感到意外，於是垂詢其中具代表性的一位，說：「你們這些白領階級的人，衣食無憂，照以往的情形，通常大都是病故的，怎麼現在反而大多是累倒的？」

「上帝啊！我們都是過度勞碌所造成！」

「你們應該有很好的條件，很容易隨時找到空閒，休息調劑啊！」

「唉！」這人嘆口氣說：「我們從來不知道什麼叫做閒，公私繁瑣，不處理好，睡不著覺，玩不起勁，坐立難安啊！」

「難怪，你們的事業非常成功！」上帝忍不住的誇讚。

「可是！日以繼夜，就這樣累垮了！」

得足幾時足，知足自足；求閒何日閒，偷閒即閒；遇事始知聞道晚，抱痾方悔養生疏；找不到時間休閒的人，都會找到時間生病；若說沒有時間休閒，就是應該休閒的時候；不會管理自己身體的人，就沒有資格管理別人；經營不好自己健康的人，又如何寄望經營好自己的生命；這則寓言，足為殷鑑。

閒暇是哲學之母，也是思想之友；休閒是培養創意的土壤；但使心閒自難老，心如無事即長生；只想工作有錢花，健者也會變傻瓜；閒暇足以恢復自我，休閒可讓心靈滋潤；休閒不是心靈的充實，而是為心靈獲得休息；休閒是在給身體和頭腦提供養份；日子沒有詩情畫意，生活就會變成淒涼現實；休閒是為了做出某種益事所享有的時間；閒暇是你花在不付報酬的工作上的時間；工作的目的，可不就是為了獲得休閒？

一日清閒一日仙，半生勞碌半生苦；休閒的可貴，在於提供變化；愈工作愈能工作；愈休閒愈造休閒；閒暇是霓裳，不宜常穿用；閒暇是內衣，不能不需要；會安排休閒，是不會計較時間；要想迅速的放鬆，就要放慢著腳步；身閒可以養氣，心閒可以養神；氣宜宣而過之，神宜平而抑之，心宜適而安之，體宜調而養之；清淨的河水最明徹，悠閒的時光最活潑；閒暇夠，思想多；忙碌來，思想走；休閒是好事，可是怠倦是其兄弟；休閒是好人，最怕變成懶人；休閒無法開懷忘憂的人，也將無法盡心工作；能夠聰明地填滿閒暇，就是文明的最後產物；休閒誠為天然的娛姆。

從冷視熱，然後知熱處之奔馳無益；從冗入閒，然後覺閒中之滋味最美；成功與豐盛是忙出來的，健康與快樂是閒出來的；愛好寬一點！朋友多一點！　打扮美一點！旅遊來一點！唱歌常一點！聊天加一點！累時停停手，別丟了快樂！忙時喘喘氣，別丟了健康！愁時找找樂，別丟了幸福！煩時靜靜心，別丟了閒適！苦時擦擦汗，別丟了休息！的確，要休才得閒，凡休耕過的農田，才能長出豐碩的成果。

亂了方寸

有個老人帶著孫子，牽著一頭驢子到市鎮趕集，路人看到他祖孫兩人汗流浹背地趕路，議論紛紛。

「為什麼這麼辛苦！可以騎上去啊！」

老人就讓孫子坐在驢背，繼續前進，可是，又碰到一個路人，看見小孩騎驢老人走路，就批評說：

「怎好讓老人家趕路，小孩子倒坐在驢上，四平八穩的！」

於是，老人又要孫子下來，自已坐上，繼續趕路，但在路上，又有人忿忿不平的指責：「這老人家怎能狠心讓孩子走路，自已倒坐在牲口上！」

老人這下亂了方寸，最後只好把孫子也抱了上來，然後，走了不久，又見一些路人搖頭責備說：「你們怎可如此殘忍，兩個人坐在驢背上，簡直是在虐待動物嘛！」

休將我意同他意，未必他心是我心；瞻前又顧後，三心又兩意；事事介懷，樣樣失意，跟著別人的節拍起舞，永遠難有主意；借用別人的觀點行事，永遠失去主見；毀譽向來無定勢，是非原本要徐觀；這對祖孫的沮喪和徬徨，誠可想像。

一人難稱百人意，一事難遂眾人心；人多口雜，土多草雜；聽人家的喝，砸自己的鍋；一個豆兒一個屁，十個豆兒十齣戲；公說公有理，婆說婆有理；評頭論足有得失，競短話長成是非；順了姑意拂嫂心，從了張三犯李四；人嘴兩張皮，說話常動移；千主張，萬主張，黃金難買自主張；因為世上有這麼多對耳，所以到處有這麼多張口。

毀譽不足恃，公道在人心；毀譽由之於人，是非審之在己；聞譽固可喜，且慮其或無；見謗不必怒，且慮其或有；俯仰無愧天地，褒貶自有春秋；成見不可有，定見不可無；只要能注意，可注意，該注意，一切就全心全意；只要理所當然，法所必然，情所使然，一切就順其自然；高談者未必有高見，人云者未必是人睿；不作風波於世上，自無毀譽到胸中；愚者，穿別人的鞋，走自己的路；智者，用別人的力，成自己的能；成就是用自己的喜悅來打造，不是靠別人的喝彩去編織。

閉門推出窗前月，吩咐梅花自主張；是非得失總由天，機關用盡徒枉然；治事缺是的是左右逢源，做人多的是左右為難；不能盡如人意，但求無愧我心；人意我意，各有其意；合乎人意，恐非我意；合乎我意，恐非人意；人意我意，均非天意，不違天意，大家才會如意；是的，人生除了失意和得意兩種選擇之外，還有一個不就叫做滿意？

樊牢自取

有三個樊姓子弟，在天上不期而遇，大家對其中一位斯文的老師，頗表重視，上前致意。

「老兄，請問大名？」

「我叫樊遲。」

「哦！原來是至聖先師孔老夫子的學生，失敬！失敬！」

中間這位著軍裝的說完後，也自我介紹：

「我叫樊噲，請多指教！」

「原來是戰功彪炳的漢朝開國英雄，鼎鼎大名，很高興認識您！」樊遲也推崇說。

然後，兩人又問候，一直愁眉不展的另一位，說：

「老兄，您的大名，可否見告？」

「我叫樊牢！」

「煩惱？」兩人同表訝異，說：

「奇怪，我們樊家怎麼會有這個名字，難怪一臉霉像，閣下大名，又是那位同宗取的？」

「樊牢自取！」

煩惱生沮喪，憂愁成頹唐；煩惱不尋人，人自尋煩惱；樊牢者，煩惱也；煩惱自取者，庸人自擾也；這個寓言，堪值省思，煩惱無異人們心頭的一根骨刺，不能不防，不能不去。

煩惱是心智的沉溺，也是靈魂的徬徨；煩惱是其他動物所不知道的一種痛苦方式；煩惱也是叫人生命褪色的無形毒藥；胸多抑鬱常耗神，心多愁悶最傷身；煩惱真像一張搖椅，能夠叫人有事做，但無法叫人向前行；煩惱不是別人傷害了你，而是因為你太在意；煩惱的人，總是會找到煩惱的。

欲除煩惱須無我，歷盡艱難好作人；與其有樂在身，孰若無憂在心；快樂是在滿足中求，煩惱是從多欲中來；心地光明能驅煩惱，行為磊落可除憂慮；消愁莫如度假好，去煩莫過郊外跑；忙碌的蜜峰沒有時間煩惱；心忙事煩，心煩事忙；遇事泰然，凡事安然；群處自然，獨處靄然；得意時淡然，失意時坦然；心大路寬，心小事難；事忙心不忙，人非我不非；鬱悶是不夠豁達，悲傷是不夠堅強，焦慮是不夠從容，煩惱是不夠平常；不為物喜，不為己悲；人們太多的煩惱，都是由假如兩字產生；生活有酸甜苦辣是正常，日子有陰晴圓缺才自然；煩惱與患得患失總是如影隨形；麻煩不找你麻煩，你絕對不要自找麻煩。

春有百花秋有月，夏有涼風冬有雪，若無煩惱成心結，人間到處好時節；心情好，沒煩惱，永不老；裝下了煩惱，就裝不下快樂；裝下了陰霾，就裝不下晴朗；反正個子高的會頂，我們為什麼要憂愁天塌！反正時間會證明一切，我們為什麼要煩惱當下！錢不必多，夠用就好；屋不在大，能住就好；衣不必炫，得體就好；吃不須貴，健康就好；行不可奢，方便就好；話不說滿，明白就好；事不做絕，付出就好；心不太大，認真就好；夢不太深，能醒就好；一切都好，何來煩惱？是的，看淡了，心中一片汪洋，看開了，頭上一面藍天。

能說不能行呀

有個讀書人聽說深山中有個石頭會說話，非常好奇的趕去拜訪。

「你父母還活著嗎？」石頭見面就問。

「還活著！」他答。

石頭一聽就加以斥責：「古人說，父母在，不遠遊，既然雙親健在，你大老遠跑來幹什麼！」

這事傳到另一個商人耳中，也跑去見識。

「你父母還活著嗎？」石頭也問。

商人因有心理準備，所以很委婉的回答：「家父母不幸早逝，所以才出門遠遊！」

石頭一聽，也加以斥責：「古人說，家有雙親，要保長年，連雙親都保不住，還敢遠遊！」

兩人受到教訓，反而因此產生敬意，便相約邀請石頭，到都市講學，渡化大眾，沒想到，石頭卻嘆口氣，說：「你們知不知道，我是能說，但不能行呀！」

坐而言不如起而行，知之深不如行之著，說一丈不如行一尺；知是行之始，行是知之成；會說不會做的石頭，不啻中看不中用的紙花；芳香的花不一定好看，會說的人不一定能幹；知之非艱，行之惟艱；沒有行動，思想永遠不可能成為真理；行動乃是最高貴的表達，洵非虛言。

行動是反映思想的最佳說明，也是驗證真理的惟一標準；想是問題，做是答案；眼是懶漢，手是英雄；空話是朵雲，力行像陣雨；思想若是藍圖，行動就是建築；理論若是長官，實踐就是學生；語言若是技葉，行動就是果實；行動若是必需品，思辨就是奢侈品；一百個點子抵不上一個樣子；一千個嘴把式，頂不上一個手把式；空有語言而無行動的人，猶如雜草叢生的花園；只有行動，才能決定價值；行動有如知識特有的果實；不曾揚帆，何以至遠方；老在吹號角的人，絕不是真正的獵人。

行動是灰心的解藥，行動是怠惰的良劑；為者常成，行者常至；合抱之木，生於毫末；九層之台，起於累土；千里之行，始於足下；萬里之途，起於一步；耳聞不如目見，目見不如足踐；鐵匠沒樣，邊打邊像；不舉腿，越不過欄柵；不邁腳，登不上高山；理想若不經力行，不克彰顯其價值；理論如未經實踐，難以表現其成果；力行優於空言，心動不如行動；聽起來難中難，做起來好上好；輸在猶豫，贏在力行；寧做螞蟻腿，勿學麻雀嘴；一想二拖三落空，一想二幹三成功；流螢只在飛行時發光；行動比語言響亮；行動者比任何人都具有發言權；行動不一定快樂，但沒有行動，就絕對沒有快樂。

希望可以寄托明天，行動必須實踐今朝；路不行不到，事不為不成；時間給空想幻想者痛苦，卻給實作實踐者幸福；動手是行動，伸手才落空；紙上得來終覺淺，確知做事要躬行；我們的錯誤，不是不知，多半在不做，不知還有希望，不做永無指望；我們的失敗，不是不懂，大都在不動，不懂還能充實，不動永難落實；沒有永遠的勝利，只有永遠的努力；生命靠運動，成功看行動；行動，才是邁向成功的不二法門。

那一定是這原因

林爺爺活到一百零五歲，大伙慶壽時，有人問他長壽的秘訣。

「我可以告訴你，我是健康迷！」林爺爺回答說：「我煙酒不沾唇，晚上九點睡，早上三點起來，最重要的，我是每天堅持走五公里路，風雨無阻。」

「可是，我爸爸也是這樣走，而且非常認真，但卻只活了六十五歲！」這人頗表不解的問。

「哦！同樣煙酒不沾！」

「對！」

「也是作息規律，不賴床，不偷懶！」

「是的！」

「那一定是這個原因！」林爺爺語出驚人的說：「就是他在六十五歲以後，沒有一直堅持鍛鍊下去！」

鍥而舍之，朽木不折；鍥而不舍，金石可鏤；開頭都專心，持續看恆心；好的開始是成功的一半，好的結束才是成功的全部；這個笑話，足以說明；有恆為成功之本，恆心才能使人創造不可思議的奇蹟。

恆心是一切成功之母；天地雖大，不恆無物；事業雖眾，不恆無成；一日曝之，十日寒之，未有能生者；一日作之，十日輟之，未有能成者；持之久，所積者厚；守之貞，所成者大；水滴石穿，繩鋸木斷，只要功夫深，鐵杵磨成針；人生以精神貫注而立，大事以一線到底而成；再大的困難，不怕無功，就怕無恆。

人怕路，路怕腿；愚公移山貴在恆，精衛填海重在誠；日日行，不怕千萬里；天天做，不怕千萬事；十日畫一水，三日畫一石；日計不足，月以繼之；月計不足，年以繼之；人一能之，已十之；人十能之，已百之；貴有恆，何必三更眠五更起；最無益，只怕一日曝十日寒；治事最忌半途而廢，完事務須持久到底；耐心和持久勝過激烈與狂熱；偉大的成就，不是一時的力量，而是成於持久的恆心；恆心架起通天路，毅力吹開智慧門；恆者的訣竅，就是始終不會改變其目的。

咬住青山不放鬆，立根原在破巖中，千磨萬擊還堅勁，任爾東西南北風；人有恆心萬事成，人無恆心萬事崩；志不怕窮，就怕窮而失毅；氣不患短，就患短而無恆；行之苟有恆，久久自芳芬；人生有所貴，貴在有始終；只要，熬過一時，忍耐一陣，抱定恆心，堅持到底，那麼，山也會低頭，海也會讓路。

先去買張彩券

有個落泊失意的人，每隔幾天就到教堂祈禱，跪在聖壇前，虔誠的禱告，說：

「上帝啊！請看在我這麼敬畏您的份上，讓我中一次彩券吧！哈里路亞！」

幾天後，他又垂頭喪氣的來到教堂，依然跪求，說：

「上帝啊！為何不讓我中次彩券，我想死了……」

過了幾天他再次出現，同樣重複這個願望，如此週而複始，直到這天，他又雙手合十，喃喃的說：

「敬愛的慈祥的上帝啊，您為何不垂聽弟子的哀求，我只要中一次就夠了，我願終身侍奉，專心服待您……」

就在這時，聖壇上空，發出一陣莊嚴宏偉的聲音：

「我一直就在垂聽你的心聲，可是——是最起碼，你老兄也該堅定地去買張彩券吧！」

祈禱是片雲，決心是場雨；行動即意志，決心即力量；欲使清風傳萬里，須先明月印千江；故事的主角，空有希望，沒有決心，光說不練，於事何補？若說，夢想是成功的起跑線，那麼，決心就是起跑線的槍聲。

決心是破除萬難的利斧；銜石填海，俱在意志，破斧沉舟，方見決心；決心是全能的動力，奇蹟總向決心低頭；人們並不欠缺力量，而是沒有決心；僅希望而無貫徹的決心，彷如漏勺挹取瓊漿，永難成功；所謂的決心，不是想成為，而是要成為；決心才是所有高貴行為，藉以滋長的胚種。

不積跬步，無以至千里；不積小流，無以成江河；道雖邇，不為不至；事雖小，不為不成；不怕慢，只怕站，不怕站，只怕看；不必望天，而要看地；不入虎穴，焉得虎子；不打碎雞蛋，就做不成蛋糕；主動要比被動好，早做要比晚做好，先做要比後做好，快做要比慢做好；百慮而後斷，一斷則必行；行動靠決心發動，實踐靠決心實現；最大的決心會產生最高的智慧；人們開始成功，就是從下定決心那一刻起跑；失敗那就證明了決心下得仍不夠。

山阻不住南來的雁，牆擋不了北來的風；千難萬難，有了志向不難；千易萬易，沒有決心不易；有決心的人，腳低板比山高；有決心的人，鞋底下都是路；生命只有走出去的精彩，沒有等待著的輝煌；我們既然決定了一件事，那要走的路只有一條——勇往直前，不達目地，絕不中止。